SEGEL IM WIND

LEGENDÄRE FOTOS VON
MORRIS UND STANLEY ROSENFELD

TEXT: FRANCO GIORGETTI

EDITION MARITIM

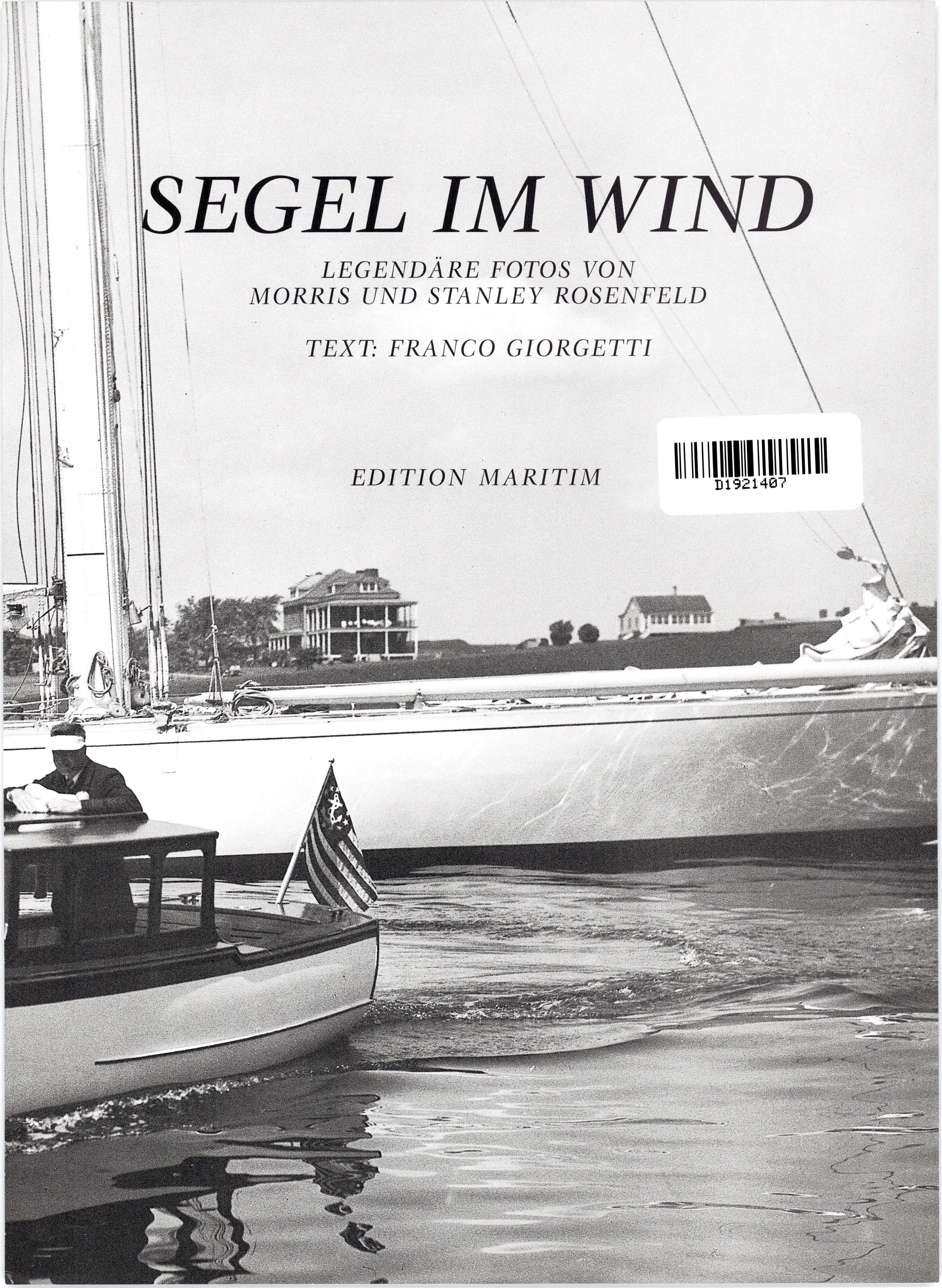

YACHTING LIBRARY

Die Deutsche Bibliothek - CIP-Einheitsaufnahme

Segel im Wind : legendäre Fotos / von Morris und Stanley Rosenfeld. Texte von Franco Giorgetti. Aus dem Ital. von Hans-Rudolf Rösing. - Hamburg : Ed. Maritim, 1999
Einheitssacht.: Vele e velieri <dt.>
ISBN 3-89225-398-6

1. Auflage
ISBN 3-89225-398-6

Raboisen 8, 20095 Hamburg

Titel der italienischen Originalausgabe:
Vele e Velieri

Umschlaggestaltung: Buchholz/Hinsch/Hensinger, Hamburg
Übersetzung: Hans-Rudolf Rösing
Satz: Utesch GmbH, Hamburg
Printed in Italy 1999

Vertrieb: Delius Klasing Verlag, Siekerwall 21, 33602 Bielefeld
Tel.: 0521 / 559-0, Fax: 0521 / 559-113
e-mail: info@delius-klasing.de
http://www.delius-klasing.de

Vorhergehende Doppelseite:
Der Tender VARA der Familie Vanderbilt hat soeben die „Afterguard", die Cockpitbesatzung, auf der RANGER abgesetzt, dem letzten Cupverteidiger der J-Klasse.
Zum ersten Mal gehört eine Frau zur Besatzung eines America's Cuppers: Gertrude Vanderbilt, an Deck flankiert von Rod (links) und Olin Stephens (rechts). Sie hatte eine besonders schwierige Aufgabe, nämlich den Skipper über die Position und die Bewegungen des Gegners auf dem laufenden zu halten.

Die den Fotos zugeordneten Legenden wurden nicht übersetzt, um die Authentizität der von den Rosenfelds kreierten Titel zu wahren.

Inhalt

Das Brenton-Feuerschiff, dessen Äußeres hier aufgefrischt wird, weist den Weg in die Narragansett Bay vor Rhode Island.
Das Foto stammt von 1937, und mehrere Feuerschiffe haben hier zwischen 1853 und 1962 ihren Dienst getan.
Durch seine Position wurde das Brenton Reef zum Zeugen und manchmal auch zu einer Wendemarke bei den wichtigsten Wettkämpfen in der Geschichte des Yachtsegelns, auch des Amercia's Cup von 1930 bis 1983.

Einleitung

Vom Segeln und von Segelschiffen zu sprechen heißt ein Fenster öffnen mit Blick auf die Gesellschaft, die diese Schiffe zur Ausübung des Sports, zu ihrem Vergnügen oder zu ihrer Arbeit gesegelt hat.

Die Seefahrt unter Segeln wird möglich dank der Arbeit der verschiedensten Handwerker und lebt von Könnern, bei denen sich seit ältesten Zeiten ein Wissen angesammelt hat, das wiederum die Antwort ist auf die festumrissenen Anforderungen einer Gesellschaft – sei es zum Transport von Gütern, sei es zur Selbstdarstellung oder zum Wettstreit.

Zeugnis abzulegen von Segeln und Segelschiffen ist also viel mehr als eine Frage der Ästhetik; es ist die Übermittlung des Selbstverständnisses einer Gesellschaft.

Dieses Zeugnis verdanken wir den beiden Rosenfelds, Vater Morris und seinem Sohn Stanley.

Mehr als hundert Jahre lang – seit es technisch möglich war, das Segeln fotografisch festzuhalten – bis in unsere Tage haben die Rosenfelds nicht nur Yachten und Schiffe unter Segeln aufgenommen. Sie haben auch – noch verdienstvoller – die Bestände anderer Fotografen ihrer Zeit gekauft und geordnet. Auf diese Weise sind Millionen von Aufnahmen zusammengekommen, die die Segelwelt Nordamerikas wiedergeben, eine einzigartige Sammlung, die dann vom Mystic Seaport Museum erworben und mit der den Angelsachsen eigenen traditionellen und liebevollen Achtung vor dem Tun der Menschen der See bewertet worden ist.

Das Buch will mit einem Querschnitt aus dieser Rosenfeld-Sammlung darüber berichten, wie die Gesellschaft Amerikas zu der Kunst des Segelns stand. Dazu ist es in die Kapitel „Segel im Wind“, „Arbeit“ und „Regatta“ gegliedert worden, um so die verschiedenen Formen, in denen es Gestalt

angenommen hat, einigermaßen vollständig und systematisch darzustellen.
Das letzte Kapitel, der America's Cup, ist den Rosenfelds selbst in besonderer Weise gewidmet, haben sie doch diesem sportlichen Ereignis eine leidenschaftliche Aufmerksamkeit zugewandt und damit etwas von der Einstellung der Amerikaner zum Segeln und von der Gesellschaft Amerikas zum Ausdruck gebracht.
Zu jeder Aufnahme haben wir einen Begleittext geschrieben, der nicht den Anspruch erhebt, sie zu erklären – das haben die Bilder der Rosenfelds nicht nötig –: sie sprechen für sich selbst. Stattdessen weisen die Anmerkungen auf die Rolle der Bilder als Teil einer Geschichte hin und versuchen, soweit der Platz das gestattet, ihren historischen Kontext zu erklären.
Stanley Rosenfeld sagte einmal über seine Arbeit als Fotograf: „Ich habe versucht, das Segeln so darzustellen, wie es ist"; ich meine, er hat mehr geschaffen, und zwar vielleicht deshalb, weil beim Segeln menschliche und technische Faktoren sich zwangsläufig miteinander verbinden. Und natürlich auch, weil Stanley und sein Vater diese Dinge gesehen und mit einer Sensibilität, die noch weit über das hinausgeht, was in der lichtempfindlichen Schicht ihrer Fotos für immer festgehalten bleibt, verstanden haben.

Franco Giorgetti

Segel im Wind

„Never a dull moment" – Langeweile gibt es nicht!: Treffender und inhaltsreicher könnte man wohl das Leben an Bord einer Yacht auf langer Reise kaum beschreiben.
Das Segeln zum Vergnügen mit einem Boot ist eine junge, mit der Technik des Untersatzes verknüpfte Tätigkeit, wie die Instandhaltung, die Reisevorbereitung und die Handhabung des Bootes; auf der anderen Seite die Tatsache, daß man sich in eine andere Umgebung versetzt, auf die See, wo wir frei sind von den Einflüßen des täglichen Lebens; mithin eine enge Beziehung zur Natur, zur Beschaulichkeit und zu einem ganz bestimmten zwischenmenschlichen Verhältnis: Das ist Fahrtensegeln und noch mehr. Bestimmt aber nie Langeweile. Wenn wir die Aufnahmen in diesem Kapitel betrachten, folgen wir einem roten Faden: Die Boote segeln und die Menschen mit ihnen, ganz im Einklang mit der Natur, genügsam und ohne Schöngeisterei und das auch, wenn die See und der Wind es nicht gut mit uns meinen.

3

Water Gipsy
1931

1

Hother
1941

2

Mouette
1933

Der Name des Bootes auf diesem Foto ist NEDUMO, das Kurzwort für „Never a dull moment", und damit ist das Foto treffend beschrieben und alles, was darin inbegriffen ist – und das ist Fahrtensegeln.
NEDUMO ist 40 Fuß lang, yawlgetakelt, das für das Fahrtensegeln ideale Rigg. Das Boot wurde 1938 von seinem Eigner entworfen; er kennt es also von vorn bis hinten.
An Deck ist offenbar alles in Ordnung und klar. Und die junge Dame im Vordergrund, zu Gast an diesem luftigen Tag, ist mit sich und der Welt rundum zufrieden. Bestimmt langweilt sie sich nicht.

4

Ohyesia
1894

5

Migrant
1938

6

Coastal cruising
1934

7

Bow dipping
1954

8

Iroquois
1886

9

Brown Smith Jones
1935

10

Sea Cloud
1939

11

Istalena

1930

143

12

Anchorite
1950

13

Valkyrie
1946

14

Saraband
1936

15

Avatar
1968

16
Rita Irene
1936

Arbeit

Viele Jahrhunderte bedeutete Segeln Arbeit; das Segelschiff war das wirkungsvollste Mittel zum Transport von Waren und Menschen, aber auch um zu sehen, was dort draußen, jenseits der Säulen des Herkules, sein könnte.
Zu der Gabe des Windes gehörte aber auch das schwere Gewicht niederer körperlicher Arbeit.
Die Bilder dieses Kapitels geben Zeugnis von der Zeit der Klipper und der Entwicklung des Segelschiffes danach, der Windjammer.
Sie berichten von verschiedenen Typen von Fischereifahrzeugen durch Fotos, auf denen das Geschwindigkeitspotential dieser Schiffe, das sie für ihre Arbeit brauchten, festgehalten ist.
Von dieser Schilderung werden uns tausend technische Einzelheiten nahegebracht: von der Rumpfgestaltung bis hin zur Takelage und dem Segelriß; aber auch die Mühen, die Leiden und die Gefahren eines Berufs, dessen Verschwinden wir Heutigen nicht beklagen sollten.
Die Bedeutung der Aufnahmen in diesem Kapitel beruht, abgesehen von ihrem ästhetischen Wert, eben darin, daß sie uns technische und historische Informationen geben von einer Welt und von Tätigkeiten, die heute nicht mehr zu finden sind.
Mehr als zwei Jahrhunderte lang, vom Beginn des 18. Jahrhunderts bis noch in die 20er Jahre unseres Jahrhunderts, nutzten beide, Arbeits- wie Sportfahrzeuge, den Wind als Mittel zu ihrer Fortbewegung; dann hat das Aufkommen des Dampfschiffs, später noch der Dieselmaschine, dem Sportbootsegler den Wind allein als Antriebskraft überlassen wie auch die Aufgabe zugewiesen, Tradition und Können des Segelns zu bewahren.

FEDERAL SHIPBUILDING & DRY DOCK CO.

17-18

Square rigger deck
1929

TUSITALA, Stapellauf 1883, war eines der letzten amerikanischen Frachtsegelschiffe. Das Foto zeigt sie im Jahre 1932, als sie rund fünfzig Jahre alt war. Der Schlepper bringt sie an ihren Liegeplatz im Hafen von New York; wir wissen nicht, was sie brachte, aber der niedrige Freibord zeigt uns, daß sie voll abgeladen ist. Der Schlepper war nicht nur wegen der Flaute gekommen; das starkfrequentierte Fahrwasser ist in der Lower Bay zu eng für die Manöver eines großen Vollschiffes, und außerdem setzen dort Gezeitenströme. Ein zweiter Schlepper liegt als Steuerschlepper achtern längsseits. In den 30er Jahren unseres Jahrhunderts war das Dampfschiff schon zu einer gefährlichen Konkurrenz für das Segelschiff geworden.

Doch auf diesem Bild kann die zur Hilfe eingesetzte Kraft der Schlepper der Majestät der Masten mit ihren Segeln keinen Abbruch tun, auch wenn der schwarze Rauch – wie ein Hinweis auf das, was kommen sollte – versucht, sie zu verhüllen.

19

Tusitala
1929

20

Cutty Sark
1922

21

Tusitala
1925

22

Seven Seas
1935

23

Fishing schooner
1922

24

Crew on
a square rigger
1929

25

Henry Ford

1922

ROBT JNO BESWICK
NEW HAVEN

26

Robt. Jno. Beswick
1924

27

Splicing rope
1938

Regatta

Im Jahre 1660 schenkte ein holländischer Edelmann, Bürger in jenen Zeiten, zu denen man auf dem Wasser besser und bequemer reisen konnte als auf den spärlichen Straßen, König Charles II. von England eine „Yacht“. Der König war von diesem Schiff dermaßen begeistert, daß er sich im Jahre darauf von dem damals berühmten Zimmermann und „Meister der Axt“, Christopher Pett, ein in Form und Abmessung gleiches bauen ließ, und der Bruder des Königs, James II., Herzog von York, bestellte sofort bei dem Bruder von Christopher, Peter Pett, ein ähnliches Schiff.

Regattasegeln hatte das Licht der Welt erblickt, denn die beiden Yachten segelten auf der Themse eine regelrechte Regatta von Greenwich nach Gravesend und zurück um eine Summe von 100 Pfund Sterling.

Die Yacht des Herzogs von York, die ANNE, war auf der Kreuz vorn. Auf der Rückfahrt, vor dem Wind, gewann der Rivale – Segel in Schmetterlingsstellung mit dem König am Ruder, die CATHERINE.

Wahrscheinlich hatten aber auch schon früher Yachten, oder überhaupt Segelschiffe, auf allen Fahrwassern der bekannten Welt um die Wette gesegelt.

Die Tee- und Wollklipper versuchten so schnell wie möglich nach London zu kommen, denn wer als Erster angekommen war, erhielt für seine Ladung den doppelten Preis.

Aber nicht nur das: Der Skipper, der die schnellste Reise gemacht hatte, durfte im Großtopp einen goldenen Windanzeiger, den „goldenen Hahn“, setzen, und jeder Kapitän hätte, um ihn einmal im Topp seines Großmastes setzen zu können, seine gesamte Segelgarderobe, ein Segel nach dem andern, zu Schanden gesegelt.

Und die Windjammer, die nach den ersten auf der Reede der Salpeterhäfen in Chile ankamen, mußten mit dem Laden warten, bis die vor ihnen gekommenen fertig waren, und das konnte Wochen dauern. Seit jeher ist Segeln also auch Regattasegeln.

31

Larchmont Yacht Club
One Designs
1924

21 2
77

28-29

Kaiser Cup Race
1905

30

New York Yacht Club Cruise
1955

Die Fischer Nordamerikas, genauer die „Bank Fisher" lieferten sich harte Kämpfe, um als erste am Markt zu sein, und daraus entstanden die International Fisherman's Cup Races, die sie gut zwanzig Jahre lang aussegelten.
Diese Aufnahme entstand beim International Fischerman's Cup Race von 1938. Die beiden miteinander kämpfenden Schoner sind die amerikanische GERTRUDE L. THEBAUD aus Gloucester und die kanadische BLUENOSE, die den Titel seit 1921 hielt und ihn auch in jenem Jahr wieder gewinnen sollte.

32

Atlantic
1933

33

Commodore Nichols
Seawanhaka Corinthian
Yacht Club
1921

34

Chesapeake sailing canoe 1929

35

Elizabeth Howard
1922

36

At the start
1930

37

International knockdown 1941

38

J Boats
1937

J US2
J K6
J 5

39

International One Designs 1941

40

H Class boats
1900

41

Stormy Weather
1937

42

Star class
1950

43

Dyna
1962

44

Hinckley Pilot
1949

45

Lutine
1952

46

Seascape
1938

47

Ingomar and *Elmina*
circa 1908

Water Gipsy
1936

NY
51

49

Acushla and *Istalena III*
1921

50

Fogbound
1954

51

Cotton Blossom III

1941

12

52

Tanya II
circa 1950

America's Cup

1844 beschlossen John Cox Stevens und acht seiner Freunde, alle leidenschaftliche Segler und alle bestens betucht, einen Club zu gründen – das war die Geburtsstunde des New York Yacht Club.
Sechs Jahre später wollte derselbe J. C. Stevens, Commodore des Clubs, gemeinsam mit seinem Bruder und drei weiteren Clubmitgliedern die englischen Yachtsegler der Royal Yacht Squadron herausfordern, die man traditionell, und wahrscheinlich auch aus einem gewissen Minderwertigkeitskomplex heraus, als die Statthalter des Segelsports schlechthin ansah.
So erblickte der America's Cup das Licht der Welt.
Der Schoner AMERICA, den das Syndikat von Stevens für diese Herausforderung hatte bauen lassen, segelte über den Atlantik, ankerte vor Cowes vor der Royal Yacht Squadron, warf den Handschuh und schlug in einer Regatta über 53 Seemeilen nach gesegelter und nach berechneter Zeit die gesamte gegnerische Flotte.
Stevens und Genossen kehrten in die Vereinigten Staaten zurück und hatten das Preisgeld von 100 Guinea gewonnen, den Cup, eine bodenlose Kanne aus 3,5 Kilo reinem Silber, dazu 1000 Dollar Wettgewinne.
Die Engländer segelten mit Bootsrümpfen, die alten Modellen nachgebildet waren, mit handgewebten Flachssegeln, die sehr durchlässig waren und mit losem Unterliek gefahren wurden. Sie hielten im Wind nicht viel Form und mußten beim Segeln ständig mit Wasser begossen werden, um das Gewebe undurchlässiger zu machen.
Der Schoner AMERICA dagegen hatte maschinengewebte Baumwollsegel, die leichter, dichter und steifer waren und die auch mit festem Unterliek am Baum gefahren wurden. Schließlich gewannen die Amerikaner auch durch eine Auslegung der Wettsegelbestimmungen, gegen die die Engländer protestierten, die aber doch von der Wettfahrtleitung anerkannt werden mußte: Die Amerikaner passierten das Nab-Feuerschiff auf der Innenseite und gewannen dadurch ein paar Seemeilen gegenüber den englischen Yachten, die, wie sie es gewohnt waren, das Feuerschiff an der Außenseite passierten.

55

Stevens Institute
1958

54

Surveyor Paul Coble at
Minneford Yacht Yards
circa 1963

53

Members of the New York
Yacht Club Race Committee,
1978

Ab 1930 wurde der America's Cup mit einem Boot ausgetragen, das zu einem Mythos werden sollte. Es war eine Zeit, in der neue Technologien zum Einsatz kamen, mit der bis dahin größten Zahl von Yachttypen und den größten und spektakulärsten Booten: der J-Klasse.
Die J-Boote mit dem messerscharfen Bug und dem großen Segeldreieck wurden nach der Universal Rule gezeichnet, der Formel, die Nat Herreshoff im Auftrag des New York Yacht Club aufgestellt hatte. Es waren Boote von mehr als 30 m Länge über alles mit sehr ausgeprägten Überhängen (die Länge in der Wasserlinie war meist unter 26 m) sowie mit einem für die Zeit höchst ungewöhnlichen Segelriß mit außerordentlicher Streckung – und das machte die J-Klasse zwischen den Schoner- und Gaffelriggs jener Tage zu einem ungewöhnlichen Anblick.
Die YANKEE, ein Entwurf von Frank Paine aus Boston, 38,4 m über alles und 678 m² Segelfläche, wurde bei den Ausscheidungsrennen von 1930 für den America's Cup von der ENTERPRISE geschlagen. Diese war ein Entwurf von Starling Burgess, dem Sohn des Konstrukteurs der Cupverteidiger von 1885, 1886 und 1887.
1934 versuchte die YANKEE es noch einmal, aber nach heiß umkämpften Ausscheidungsrennen fiel die Wahl auf die später siegreiche RAINBOW, auch sie ein Entwurf von Starling Burgess.

Reliance
1903

57-58

Ranger's interior
1937

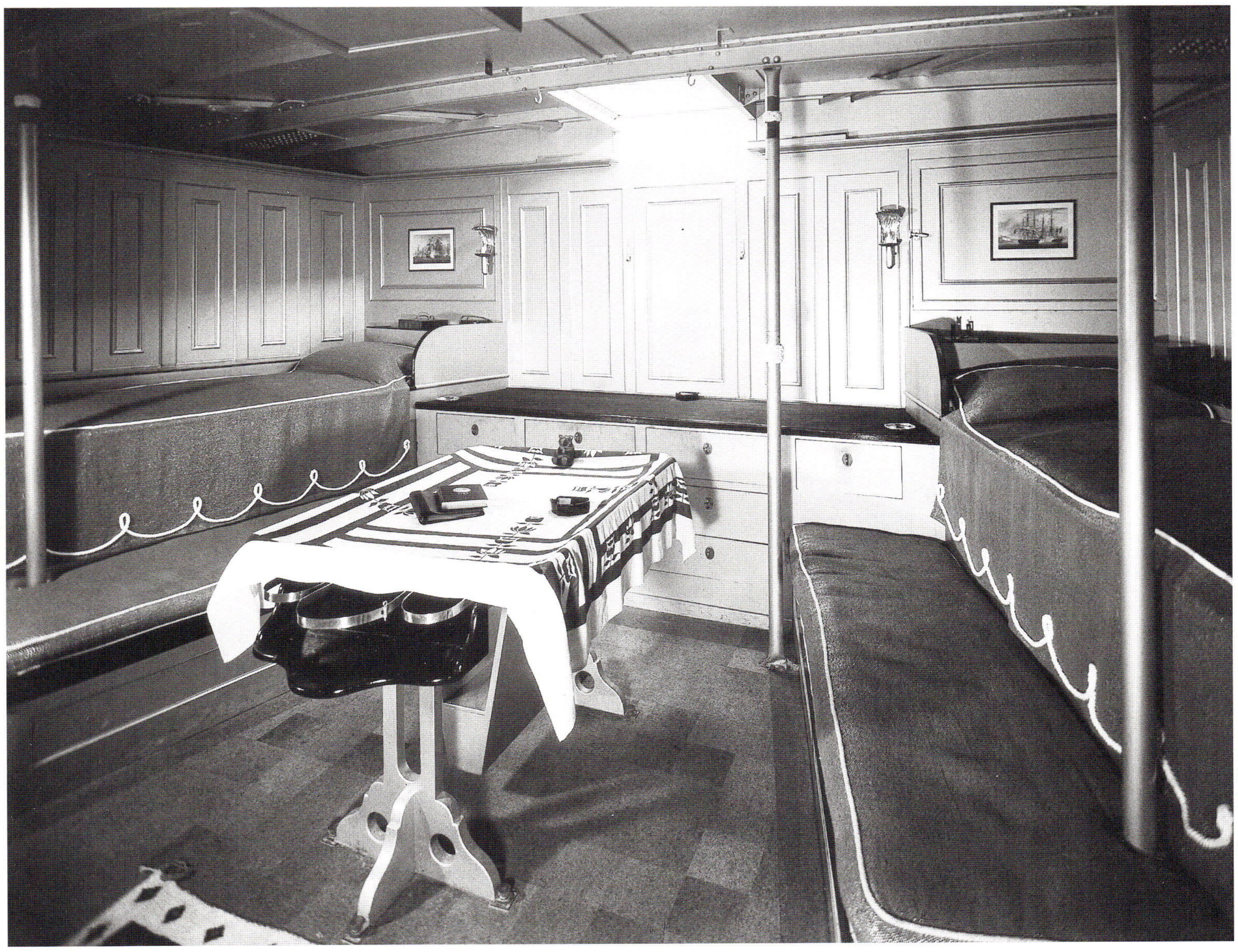

59
Shamrock IV
1920

60

Shamrock V's interior
1930

61

Sir Thomas J. Lipton
1920

62

Weetamoe
1930

63
America
1893

64
Vanitie
1914

65

Yankee
1937

66

Gretel
1962

KA 1
823

67

Gretel
1962

68

Columbia and *Shamrock*
1899

69

Zio and *Nightwind*
1939

70

Ranger
1937

71

Ranger
1937

72

Gleam
1955

73

Weatherly
1961

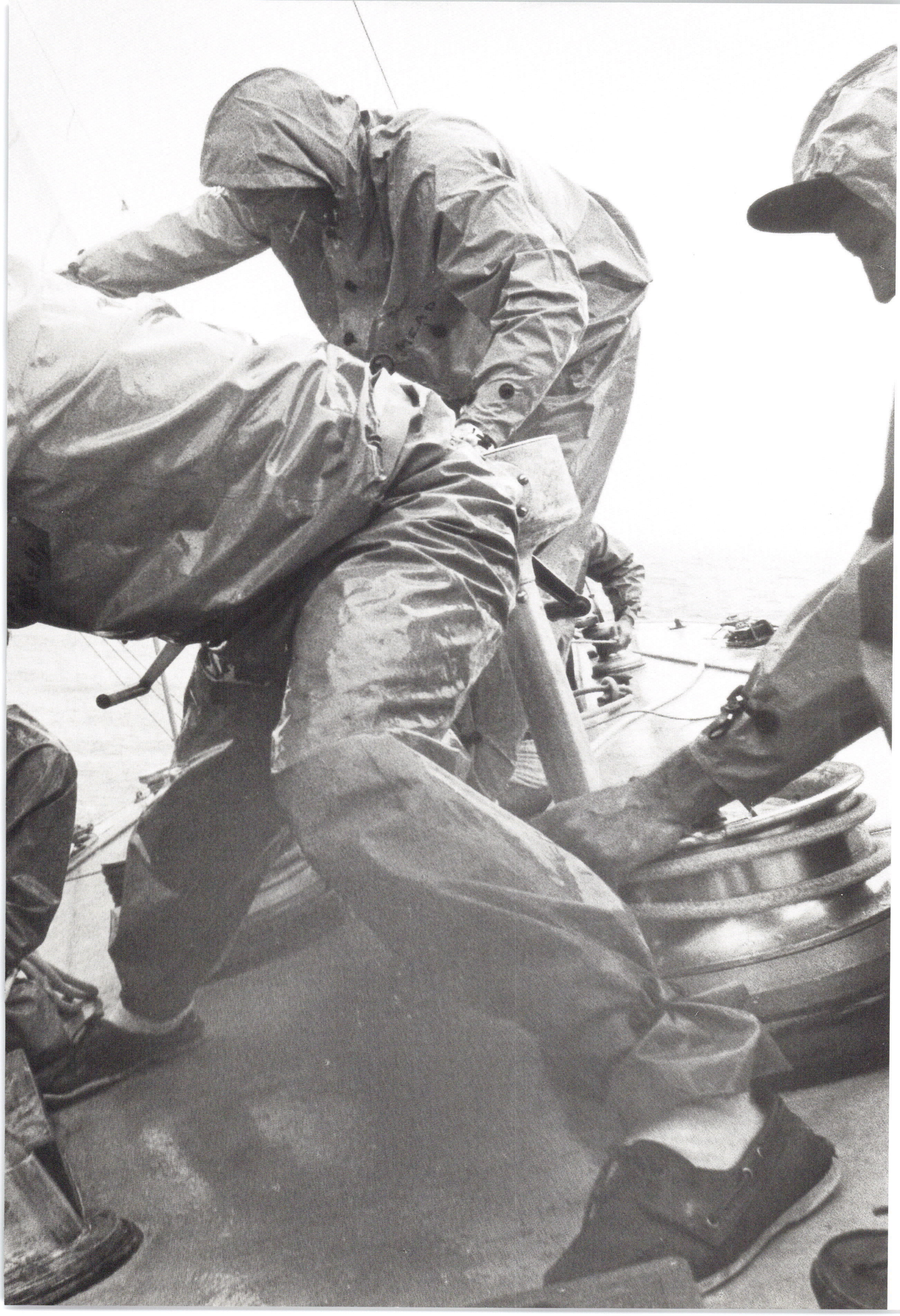

74

Raimbow
1934

75

Reliance
1903

76

Easterner
1962

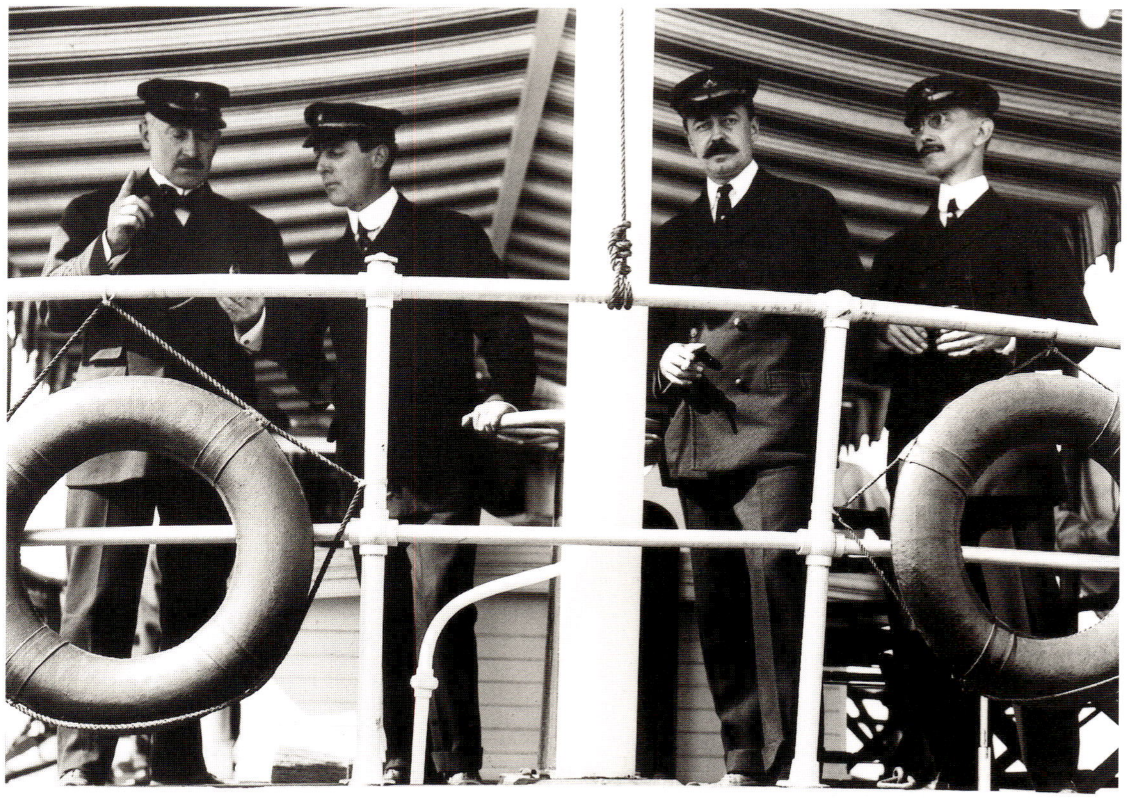

77

The New York Yacht Club
Race Committee
1903

78

The New York Yacht Club
America's Cup Committee
1967

79

Endeavour II
1937

Bildlegenden

1. Hother, 1941

Hother ist eine kleine Fahrtenyacht; ein etwas ausgefallener Entwurf, einmal, weil er die Unterschrift von Cox & Stevens trägt, dem eigentlich größere Yachten mehr liegen, aber auch wegen des Kanuhecks, das zwar bei manchen Arbeitsbooten, so bei einigen Fischerbooten der Chesapeake Bay, vorkommt, aber auch bei Regattayachten vom Zeichenbrett des L. Francis Herreshoff, Sohn von Nat Herreshoff.
Jedenfalls ein guter Kutter von 56 Fuß, die berühmte Ideallänge für Fahrtenboote. 1938 bei den Kretzer Boat Works in City Island, New York, für einen dänisch-amerikanischen Eigner gebaut, der das Kanuheck als Kind bei dänischen Booten gesehen hatte. Zwischen den 30er und 40er Jahren war Hother bei Seeregatten vor der amerikanischen Ostküste recht erfolgreich.
Das Kanuheck mindert wegen der Verlängerung der Decksfläche achtern den Wert als Fahrtenboot. Eine Folge dieser Bauart ist ein Cockpit „unterhalb des Existenzminimums“ – und wirklich sitzen alle draußen, die Bedienungsleinen liegen zu eng beieinander, und der „Mann am Rohr“ muß sich mit einer recht qualvollen Stellung abfinden.

2. Mouette, 1933

Die internationalen 12-m-R-Boote gehören zu den sogenannten „Meterklassen“, die sich parallel zu den aus der Universal Rule von Nat Herreshoff entstandenen amerikanischen Klassen von 1906 an, als die Formel dort in Kraft trat, in England verbreiteten.
In den Ländern Nordeuropas, zunächst in England und Schottland, dann in Skandinavien und Deutschland sowie in den baltischen Ländern, wurden in den ersten Jahrzehnten unseres Jahrhunderts sehr viele Meter-Boote gebaut. Erst nach der Mitte der 20er Jahre tauchten sie auch in den Gewässern Nordamerikas auf. Die 6-m-R- wie die 12-m-R-Klassen waren aber gleich so erfolgreich, daß 12-m-R-Yachten – und das kam dann später – unmittelbar nach dem Zweiten Weltkrieg zum Sinnbild des America's Cup wurden.
Das 12-m-R-Boot galt - und dies gilt meiner Meinung nach immer noch – als ein Boot von großer sportlicher Leistungsfähigkeit; damals schätzte man es auch wegen seiner behaglichen Inneneinrichtung für angenehme Tagesfahrten.
Mouette, ein Entwurf von Charles E. Nicholson, wurde 1928 bei Camper & Nicholsons in Gosport, England, erbaut.
Auf dem Foto segelt sie bei leichtem Wind mit aufgefierten Schoten in den Long Island Sound ein und zeigt, wie sie laufen kann.
Die Hecksee liegt dicht am Spiegel, es sind nicht mehr als 10 Knoten Wind, und die Mouette gleitet mit mehr als 7 Knoten dahin.

3. Water Gipsy, 1931

Bis vor nicht allzu langer Zeit waren die Häfen nur für Handelsschiffe da, Marinas im eigentlichen Sinne gab es noch nicht; die Yachten lagen meist auf Reede. Auch waren die Tankinhalte begrenzt, und Kühlschränke gab es schlicht noch nicht.
Daher brauchte man das Beiboot weit mehr als heute, wo die Stege eine „Nabelschnur“ von Diensten vorhalten.
Im übrigen fuhren schon die Fischereischoner, denen der amerikanische Schoner alles verdankt, ihre Dorys – oft bis zu 15 davon – an Bord; man brauchte sie für die Fischerei auf den „Bänken“, wo die Schoner sich tagelang vor Anker legten und die Fischer in den Dorys ausfuhren, um mit Leinen Kabeljau zu angeln.
Auch die Water Gipsy hat zwei Dorys an Bord; ineinander gestellt nehmen sie verhältnismäßig wenig Platz ein. Bei schlechtem Wetter staute man die Dorys kieloben mittschiffs an Deck.
Der kleine Schoner, der wahrscheinlich nicht mehr als 60 Fuß lang war, wirkt sehr elegant, vor allem das Cockpit mit dem hinten abgerundeten Süll, korrespondierend mit dem Heck, und den beiden Niedergängen; einer führte zur Eignerkammer mit dem Kartentisch, der andere in den Salon.

4. Ohyesia, 1894

Die Verbreitung des Yachtsegelns und das Interesse, das es in der öffentlichen Meinung Amerikas wachrief, zeigt sich auch darin, daß viele Fotografen, als diese über eine wirklich praktikable und zweckentsprechende Ausrüstung verfügten, das festhielten, was daran bemerkenswert war.
Charles Edwin Bolles war einer von ihnen, wenn auch nicht so bekannt wie die Rosenfelds; die Aufnahme von 1894 ist nun über hundert Jahre alt und verdient in mehr als einer Hinsicht eine längere Betrachtung: Auch in jener so weit zurückliegenden Zeit ließ man das „zarte Geschlecht“ am Sport, am Segeln, teilnehmen; die beiden Damen auf dem hübschen kleinen Kutter – beim Durchblättern dieser Fotos wird deutlich, daß es sich hier nicht um eine Ausnahme handelt – sind bei der Segelei erfreulich aktiv mit dabei, vielleicht ein wenig behindert durch die langen Röcke, aber ganz „comme il faut“ in Seemannsbluse und mit Matrosenmütze.
Die Ohyesia ist eine kleine Fahrtenyacht, der Rumpf wahrscheinlich den kuttergetakelten englischen Yachten nachempfunden. Beschrieben wird die Yacht in „Small Yachts“ von C. P. Kunhardt, (erschienen in London 1891). Sie ist stark besegelt, aber das Rigg kann von einer sehr kleinen Crew bedient werden: nur ein Vorsegel, das gerefft werden kann, Großsegel ohne Toppsegel, die Großschot am Leitwagen, keine Backstagen, der Admiralitätsanker am Bugspriet; alles bestens für das Fahrtensegeln.

5. Migrant, 1938

MIGRANT gehört zu der Generation der großen Yachten, die sich amerikanische Magnaten ab den frühen Jahren unseres Jahrhunderts bis in die 30er Jahre bauen ließen, nicht nur um ihren Reichtum zur Schau zu stellen, sondern auch aus reiner Leidenschaft für das Yachtsegeln.

Mit ihren 223 Fuß Länge war die MIGRANT – und ist es, glaube ich, immer noch – die größte je gebaute Schoneryacht.

Das Rigg lehnt sich an Bewährtes aus der Handelsschiffahrt an, an den Frachtschoner, der seit den 1870er bis hin zu den Jahren des letzten Krieges das im Küstenverkehr der USA am meisten verbreitete Schiff war, das mit umlaufenden Winden, geringen Wassertiefen und engen Fahrwassern zufrieden war und gutes Amwind-Segeln und schnelle Manöver bevorzugte.

MIGRANT lief 1929 bei Carl Tucker vom Stapel, just im Jahr der Depression in Amerika, was aber, wie schon gesagt, die amerikanischen Eigner nicht allzu sehr abschreckte, wenn es stimmt, daß 1930 gut achtzig Yachten von über 45 m Länge den Stander des New York Yacht Club führten.

Diese erstaunliche Yacht, zumindest der beeindruckende schwarze Rumpf, hatte ein langes Leben, aber ein wenig glorreiches Ende: Sie fährt noch heute, nachdem sie kurz nach dem Krieg bei der U.S. Coast Guard Dienst getan hatte, nun, ohne Masten und mit einem häßlichen Aufbau, als Frachter in der Karibik. Eben ein „Banana-Boat".

6. Coastal cruising, 1934

Diese Aufnahme stammt von 1934; das Foto der OHYESIA wurde vierzig Jahre zuvor aufgenommen, aber vom Schnitt der Kleidung abgesehen, hat sich nichts verändert: Wie damals das Beiboot im Schlepp, der Admiralitätsanker am Bugspriet. Auch das Boot selbst sieht nicht sehr viel anders aus, und vor allem die Atmosphäre des entspannten Segelns ist die gleiche.

Das Rigg allerdings ist anders geworden: Marconi – Großsegel und Besan –, keine Gaffeln mehr mit ihrem laufenden Gut, alles eben einfacher. Die Dreieckssegel, noch mit geringer Streckung, sehen weniger elegant und schwungvoll aus als auf den Regattayachten, sind aber wirksamer und viel leichter zu bedienen als das Gaffelrigg.

Übrigens kann man auch ruhig ein kleines Boot als Ketsch takeln, die Segelfläche ist mit dem Besan günstig verteilt, auch kann das Bugspriet, ein nicht gerade einfacher Teil des Riggs, kürzer gehalten werden. Die Yacht verliert an Schönheit, wird aber für das Fahrtensegeln handlicher. Bei näherem Hinsehen erinnern das Cockpit und der Ausschnitt der Fenster im Aufbau an den Stil, wie wir ihn auch schon bei der OHYESIA gesehen haben. Auch hier sind vier Personen an Bord, die ideale Besetzung für das Fahrtensegeln.

7. Bow dipping, 1954

Stanley Rosenfeld hat nur wenige Bilder an Bord geschossen, aber wenn, dann ist es ihm immer gelungen, die Dynamik des Augenblicks festzuhalten wie auf dieser Aufnahme von 1954. Man spürt förmlich die Bewegung des Wassers bei diesem „Einschneiden" in die See, das unter dem Unterliek des Vorsegels sichtbar wird, und die Kraft der Vorwärtsbewegung der Yacht, die das Wasser verdrängt. Da sitzt eine Zugkraft von vielen PS im Vorsegel und am Baum.

Wenn es, um mit seinen Worten zu sprechen, Rosenfeld gelingt, das Segeln „so zu zeigen, wie es ist", wenn er seine Aufnahmen auf dem Motorboot der Familie macht, wenn er überhaupt an Bord Fotos macht, dann nimmt er den Betrachter mit.

Auf dem Boot ist offenbar alles in Ordnung für ein Fahrtensegeln, das der Crew die Befriedigung gibt, sich auf einer sportlichen Reise gut zu bewähren, bei der alles in Ruhe, aber zügig vor sich geht.

Nur eines noch: Man sollte besser die Windhutze umdrehen. Olin und Rod Stephens hatten zwar schon den Dorade-Lüfter entwickelt, aber hier läßt man das Wasser noch hineinsprudeln.

8. Iroquois, 1886

Es hat noch nie viele Sportboote aus Stahl gegeben, insbesondere nicht gegen Ende des 19. Jahrhunderts. Aber in den Vereinigten Staaten war die Verwendung dieses Materials nichtsdestoweniger recht weit verbreitet. Einige Werften, z.B. die Electric Boat Company, sollten gerade mit diesem Baumaterial gute Erfolge haben.

Der Schoner auf diesem Bild, Ende des letzten Jahrhunderts aufgenommen, ist eines der wenigen Beispiele; er nimmt die Formen der klassischen Lösungen seiner Zeit auf wie den Klippersteven und das aufholbare Schwert, das bei den Fischereibooten für das Segeln im flachen Wasser der Bänke und unter der Küste entwickelt worden war. 1888 überlebte er eine überraschende und unerwartete Sturmbö, es war im März; ein Schwesterschiff ging damals mit der ganzen Besatzung verloren.

Gerade in diesen Jahren kam es zu ersten Einwänden gegen den Entwurf der Fischereischoner, denn sie waren Schiffe mit geringem Tiefgang, die sich bei der Stabilität unter Segeln ganz auf ihre Rumpfbreite und das aufholbare Schwert verlassen mußten. Kurze Zeit später sollte eine Entwicklung zu tiefergehenden Schiffen mit festem Kiel einsetzen. Und das gefahrbringende Bugspriet überlebte kaum den Beginn des neuen Jahrhunderts.

IROQUOIS war 1886 von A. Cary Smith entworfen wurden, einem Mitarbeiter von Robert Center, dem vom New York Yacht Club die Organisation der Ausscheidungsrennen für die Verteidigung des America's Cup übertragen worden war.

9. Brown Smith Jones, 1935

Im ausgehenden 19. Jahrhundert verbreitete sich in den Chesapeake Bay – dem langen Fjord, der sich mehr als 150 Seemeilen von der Küste Virginias nach Norden bis Maryland erstreckt, mit dem Hafen von Baltimore am inneren Ende – ein zum Fang von Muscheln und Austern gebautes Fahrzeug. Es hatte ein Kanuheck, eine für geschützte Gewässer ungewöhnliche Lösung, und ein aufholbares Schwert, wie es wegen der flachen Gewässer notwendig war. Aus diesem Typ, der auch heute noch dort anzutreffen ist und wenig charmant „Bugeye“ genannt wird, wurde eine Sportbootversion entwickelt, die seine technischen Merkmale übernommen hat.
Das Rigg ist, kennzeichnend für viele amerikanische Bootstypen, sehr einfach, damit es von einer kleinen Besatzung bedient werden kann: Das Vorsegel hat einen Baum am Unterliek, ist also eine Selbstwendefock, die Masten zeigen einen starken Fall nach hinten, so daß Backstage entfallen können. Groß und Besan sind schon Marconisegel (das Foto stammt von 1935), aber das Boot kann älter sein. Das Verhältnis der Segelfläche von Höhe zu Breite ist entschieden wenig elegant – man nannte diese Form von Segel „leg of mutton“, Hammelkeule. Diese Segel der kleinen Küstenfahrzeuge aus Virginia und Maryland gingen der Einführung der Marconi- bzw. Bermudasegel des 20. Jahrhunderts, wie wir sie heute kennen, vorweg.
Das Ganze mag vielleicht nicht besonders wirksam gewesen sein, aber die Crew, zwei Herren und, wie man sieht, eine liebenswürdige Dame, kann behaglich segeln!

10. Sea Cloud, 1939

1931 baute die Friedr. Krupp Germaniawerft in Kiel einen der letzten „schwimmenden Paläste“, wie ein Chronist jener Zeit die Yachten von mehr als 200 Fuß Länge nannte, die in den USA zwischen 1920 und 1930 sehr „en vogue“ waren. Sie hieß ursprünglich Hussar II, war über 45 m lang, als klassische Viermastbark getakelt, und sie war ein Hochzeitsgeschenk. Eigner war eine Frau, angeblich die reichste Frau in den USA, Marjorie Merriweather Post, verheiratet mit dem Finanzier Edward F. Hutton.
Die Yacht wurde von Cox & Stevens gezeichnet. Hussar II war sehr luxuriös eingerichtet, Marmorfußböden in den Badezimmern und edle Teppiche in den Salons, antike Möbel und Kristalleuchter in den Kabinen. Die Yacht blieb Eigentum von Marjorie Post, auch nach ihrer Scheidung vom Börsenmakler Edward F. Hutton und nach ihrer Ehe mit dem amerikanischen Diplomaten Joseph E. Davies. Nachdem dieser amerikanischer Botschafter in Moskau geworden war, lag das Schiff als schwimmende Residenz in Leningrad (heute St. Petersburg), von den Sowjets als Beispiel für die Dekadenz des Kapitalismus bezeichnet. 1941 in die USA zurückgekehrt, wurde die Viermastbark der U.S. Coast Guard zur Verfügung gestellt, die sie ohne Masten und grau gestrichen im Atlantik einsetzte. Nach Kriegsende wieder aufgetakelt, wurde sie 1955 an den dominikanischen Diktator Trujillo verkauft. Nach einigen Jahren der Vernachlässigung wurde sie von deutschen Liebhabern erworben, die ihr ihren alten Glanz zurückgaben. Sie segelt heute als Luxus-Charterschiff.

11. Istalena, 1930

Francis Herreshoff, Sohn des berühmten Nat Herreshoff, hatte eine Vorliebe für das Kanuheck, eine architektonische Lösung wie einige Konstrukteure sie liebten, etwa der Argentinier Manuel Campos und sein Antipode, der Norweger Colin Archer.
Der Sohn von „Captain Nat“ kam bei der Whirlwind wieder auf den Doppelender zurück, ein Boot der J-Klasse, einer der Herausforderer für die Auswahl von 1930 als Verteidiger des America's Cup.
Whirlwind war aus dem Rennen: Von 25 Auswahlregatten gewann sie nur eine. Istalena, auf der Familienwerft des Konstrukteurs, der Herreshoff Manufacturing Company in Bristol, Rhode Island, erbaut, kam mit ihren 87 Fuß Länge über alles und 54 Fuß Länge in der Wasserlinie nach der in den ersten Jahren dieses Jahrhunderts von Nat Herreshoff eingeführten Universal Rule in die große M-Klasse.
Wir kennen zwei Vorläufer der Istalena: ein Boot der K-Klasse, mit 85 Fuß Länge von 1907 sowie eine „New York Yacht Club“ 50 Fuß-Yacht, beide für den gleichen Eigner vom großen Nat gezeichnet.
Auf diesem Foto ist die Istalena überhaupt nicht im Trimm, die große Leichtwettergenua läßt sie stark überliegen, das Großsegel ist zu dicht angeknallt. Die Seeleute auf der Leeseite sind offenbar die einzigen, die sich für das Boot interessieren, während man im Cockpit nur Aufmerksamkeit für das Objektiv des Fotografen hat.

12. Anchorite, 1950

Diese Aufnahme stammt von 1950, aber diese wunderschöne Yawl von 50 Fuß war 1934 nach einem Entwurf von Owen Merrill auf einer kleinen Werft entstanden, die durch den Bau von sehr vielen amerikanischen 12-m-R-Booten bekannt werden sollte: Nevins, auf City Island, New York.
Das Yawlrigg ist typisch für die späten 1930er Jahre; begünstigt wurde es durch die Rennwertformel des Cruising Club of America für Seeregatten. Damals sollte sich dann die Ketsch durchsetzen, als die Einführung des Leichtmetalls größere Masthöhen im Verhältnis zur Rumpfbreite möglich machte und damit Segel von größerer Streckung, während vorn die Genua erscheinen sollte. Deren Verbreitung war dann eine Folge technischer Faktoren: synthetische Tuche mit geringerem Reck, weniger breite Salinge, die eine Überdeckung der Genua zuließen und stärkere Winschen.
Anchorite kämpft sich am Wind vorwärts und schlägt in die durch den Strom kurze See. Es ist ein schöner Tag, der Himmel kündigt aber Wind an, die Crew hat sich offenbar auf ein paar Knoten mehr eingestellt: ein Reff im Großsegel und kleiner Besan. Wir sind auf Langreise, also lieber Vorsicht!

13. Valkyrie, 1946

Die Situation scheint ziemlich an der Grenze zu sein: Wasser läuft ins Cockpit, und auch das Vorsegel kriegt ein paar Zentner ab.
Aber die Crew scheint nicht sehr beunruhigt zu sein; entweder kennt sie die Grenzen ihres Bootes sehr gut, oder sie weiß nicht recht, was sie tun soll.
Der Mann am Ruder macht Miene anzuluven, der Mann an der Vorschot blickt nach vorn, wer weiß wohin, der andere hält sich am Cockpitsüll fest und der vierte macht, daß er nach unten kommt.
Großschot fieren, aber richtig! Das Luk schließen und schleunigst Segel kürzen! Aber im Sessel kann man leicht kritisieren, vielleicht hat eine unerwartete Bö das stilliegende Boot erwischt, und dann legt der Wind es eben einfach auf die Seite.
VALKYRIE ist übrigens ein schöner Entwurf von Phil Rhodes, der kurz nach dem Krieg bei Stuart Kay erbaut wurde. Rhodes war über lange Jahre ein sehr schöpferischer Konstrukteur. Er wurde 1895 geboren, sein erster Entwurf stammt von 1919; in den 50er Jahren gewann er mit der CARINA auch ein Fastnet Race; er konstruierte bis in die 60er Jahre.

14. Saraband, 1934

SARABAND wurde 1906 von Nat Herreshoff gezeichnet; der große Konstrukteur war in den ersten Jahren unseres Jahrhunderts von Kutter und Yawl abgegangen und hatte 1903 mit der INGOMAR die glückliche Zeit der großen Schoner eingeleitet.
Sie ist der typische amerikanische Schoner, der den Entwurf und das Rigg der Fischereischoner aufnimmt, die bis zur Mitte des vorigen Jahrhunderts in großer Zahl längs der Ostküste Nordamerikas segelten.
Verglichen mit den englischen Schonern war das Rigg etwas einfacher: nur zwei Vorsegel und die Toppsegel ohne Spieren.
Auch der Aufbau ist sehr amerikanisch, niedrig, an drei Seiten verglast, Herreshoff wird das dann bei vielen seiner Entwürfe so machen.
Diese große Yacht von ungefähr 150 Fuß Länge, Eigner war John Nicolas Brown, der Herr achtern im Blazer, mit Schlips und weißer Mütze, segelt hoch am Wind an einem herrlichen Segeltag, es herrscht wenig Seegang, jedenfalls hält das hohe Schanzkleid das Deck trocken. Drei Rettungsringe achtern, kennzeichnend für amerikanische Yachten. Ob vorgeschrieben oder nicht, auf jeden Fall ist es richtig so.

15. Avatar, 1968

Die 60er Jahre stehen für den Übergang von der klassischen Yacht, der „one off" gebauten, hin zu der modernen Serienyacht aus Kunststoff.
AVATAR läßt noch nicht vergessen, wie viel das Holz denen gegeben hat, die auf die See gingen und gönnt sich Deck und Waschbord aus Teak, das Cockpitsüll aus Mahagoni, und nur ein Luk zur Achterpiek mit verschraubter Plexiglasscheibe erklärt es als „modern". Auch beim Aufbau, eindeutig aus GFK, hat sich der Konstrukteur offenbar des verwendeten Materials geschämt und erinnert mit Leisten und Rahmen aus Holz an die alte Art der Verarbeitung.
Mit etwa 16 m Länge über Deck wurde AVATAR 1965 von der niederländischen Werft Le Comte nach einem Entwurf von William Tripp erbaut. Auf dem Boot konzentriert sich offenbar nur der Rudergänger darauf, aus der Yacht Geschwindigkeit herauszuholen – und das ist auch richtig, beim Fahrtensegeln sollten an Deck eines Bootes nicht allein die Schoten und Winschen das Sagen haben. Auch der Himmel, das Wasser und die Mitsegler verdienen unsere Aufmerksamkeit.

16. Rita Irene, 1936

Wenn Wind und Gezeitenstrom gegeneinander stehen, namentlich bei geringer Wassertiefe, wird die See sehr kurz und steil, und dann leidet jede Yacht.
Der Bug steigt plötzlich und versucht die See zu durchbrechen, die durch den Aufschlag zerstäubt, und das Deck und vor allem die Leute im Cockpit werden naß. In der darauffolgenden Phase zeigt das Bugspriet dann steil nach unten, und der Rumpf schlägt hart aufs Wasser, die Yacht verliert vollständig an Fahrt. Und wenn dann nach ein paar Sekunden die nächste See kommt, geht es ihr noch schlechter.
Kein Segler, auch der fanatischste nicht, mag diese Art von Seefahrt!
Der kleine Schoner auf dem Bild, die RITA IRENE, kämpft sich im Frühjahr 1936 im Long Island Sound, hier vor Lloyd Harbor, nach seinem Heimathafen Stamford gegen den Strom voran.

17. Square rigger deck, 1929
Auf den Windjammern waren in technischer Hinsicht viele Neuerungen eingeführt worden. So das Brückendeck, das dem Rudergänger, der bis dahin ganz achtern gestanden hatte, Schutz vor den schweren Seen gab; das geschlossene Steuerhaus sowie die „Flying Bridge", eine oberhalb des Decks liegende Laufbrücke, die Back, Brückendeck und Poop miteinander verband, und auf der die Seeleute sicher auf ihre Manöverstationen kommen konnten, wenn die Brecher über das Deck fegten.
Auf diesem Foto ist das Brückendeck zu erkennen, und die größere Sicherheit im Vergleich zu einem Ruderstand direkt am Heck zu diesem Aufbau zeigt sich deutlich.
Der „Wald" von stehendem Gut an den Masten ist eindrucksvoll; das Tauwerk ist aus Stahl, der viel fester ist als das traditionelle Hanf- und Sisaltauwerk.
Der Stahl erzeugte einen ganz anderen Klang als die weichen Töne des Holzes und des Fasertauwerks auf den alten Klippern, besonders bei schwerem Wetter wie auf dem Foto. Die Verstagung ertönte in einem kräftigen Vibrato, das Schlagen der Blöcke gegen die Stahlmasten machte einen diabolischen Krach, ebenso die Lenzklappen, auch sie aus Stahl, und über allem das Stöhnen des genieteten Schiffskörpers.

18. Square rigger deck, 1929
Auf den großen Segelschiffen, ebenso wie auf deren Vorläufern, den Klippern, hatte die Besatzung pausenlos zu tun. Außer der Arbeit bei der Schiffsführung und der ebenso schweren Instandsetzungsarbeit wurde von den Seeleuten verlangt, das Schiff in einem ordentlichen und sicheren Zustand zu halten. Auf der CUTTY SARK mußte einmal das von der See zerschlagene Ruder, vom hölzernen Ruderblatt bis zu den geschmiedeten Beschlägen, mit Bordmitteln neu angefertigt werden, während das Schiff auf dem Indischen Ozean segelte.
Die Tradition verlangte, daß das Schiff beim Einlaufen in einen Hafen tadellos in Ordnung war, und das besonders beim Einlaufen in den Heimathafen, wo es vor den strengen Augen des Reeders bestehen mußte.
Die Decksbeplankung aus Irokoholz mußte auf den monatelangen Reisen den harten Angriff des Salzwassers einstecken und das sicher nicht immer zarte Kalfatern der Decksnähte nach jedem Sturm, um Leckstellen zu vermeiden oder abzudichten, kam hinzu.
Und nun ran mit Süßwasser und Seife, vor allem aber mit harter Arbeit mit den Scheuersteinen – der deutsche Seemann nannte sie „Gebetbuch" –, um das Deck wieder wie neu zu machen. Es gab Kapitäne, die ließen die Decksplanken nach dem Scheuern mit einem Gemisch aus Öl und Zitronen behandeln, wodurch das Holz heller und glänzender wurde.

19. Tusitala, 1929
Die Arbeit der Seeleute auf einem Segelschiff war besonders hart, wenn sie aufentern mußten, das Tuch durchnäßt und hart durch die Kälte und die Fußpferde vereist waren, und das nachts, wenn das Schiff unter einer Regenbö schwer überholte!
Die großen Segelschiffe fingen bei mehr als 40 Knoten Wind an, die Segel zu kürzen und nahmen zunächst die obersten Segel weg, als erstes die Royal- und Bramsegel sowie Royalstag- und Bramstagsegel. Dann, wenn der Wind auf mehr als 50 Knoten stieg, die Oberbramsegel und den Außenklüver. Erreichte der Wind 60 Knoten, wurden Unterbramsegel, Vorstengestagsegel und die anderen Stagsegel weggenommen. Wenn die Böen auf 70 Knoten und mehr stiegen, wurden der Klüver und die Untermarssegel weggenommen.
TUSITALA hat den Besan geborgen, am Großmast ist das Untermarssegel durch den Wind losgeweht, bevor die Besatzung es festmachen konnte, nur das Obermarssegel steht noch.
Man fragt sich, wo der Fotograf gestanden haben mag: wahrscheinlich auf der Fockmast-Bramsaling, also 40 m über Deck, und das mit seiner Ausstattung „M-Großformat" und Dreibeinstativ!

20. Cutty Sark, 1922
Nach dem Text des Mystic Seaport Museums unter dem Bild ist dieses Schiff ein Namensvetter der berühmten CUTTY SARK.
In der Tat hatte der schottische „kurze Rock", ein zuerst für die Tee- und dann für die Weizenrennen gebauter Klipper, der immer mit englischen Schiffen von China bzw. Australien nach London um die Wette segelte, und der schließlich einen ruhmvollen Liegeplatz beim National Maritime Museum Greenwich, London erhielt, eine ganz andere Vornehmheit der Linien, ohne dem typischen amerikanischen Frachtschoner gleichen Namens etwas absprechen zu wollen.
Er gehört zu einem Schiffstyp, der von Beginn des 20. Jahrhunderts bis etwa 1940 an den Küsten Nordamerikas sehr verbreitet war: Er war in Bau und Betrieb billig, und das machte ihn zu einem kampfkräftigen Konkurrenten der Dampfschiffe. Dieser Viermast-Gaffelschoner lud meistens Holz, und mit der mehrfach unterteilten Segelfläche des einfachen Riggs konnte eine kleine Besatzung mit den unsteten Winden an der Küste gut fertig werden.
Auf einem anderen Bild von Rosenfeld vom Ende der 20er Jahre warten mehr als sechs Schiffe dieses Typs auf das Einsetzen des auflaufenden Wassers, um aus dem Long Island Sound nach Norden auslaufen zu können.
Diese Schoner wirkten oft ein wenig heruntergekommen mit der abgeschabten Farbe am Rumpf und den geflickten Segeln, wie auch jene CUTTY SARK auf dem Foto, aber das mindert nicht ihren Reiz.

21. Tusitala, 1925
1925, zweiundvierzig Jahre nach ihrem Stapellauf, brachte das Vollschiff TUSITALA noch Ladungen für die Farell Lines von der afrikanischen Küste nach New York. Sie hatte keinen Hilfsantrieb, und auf dem Foto ist der Wind offensichtlich zu schwach, um die Segel zu füllen, die, wie das Großsegel und die Fock schon trocken eine Tonne wogen und doppelt so viel, wenn sie vom Regen oder von Spritzern durchnäßt waren.
Glücklicherweise hatten die Windjammer zur Bedienung der Segel und Rahen Spills und Winden an Bord, die der Besatzung eine fühlbare Entlastung brachten. Die PREUSSEN, einer der größten Windjammer, 1902 in Geestemünde (heute Bremerhaven) auf der Werft von Joh. C. Tecklenborg erbaut, hatte bei einer Länge von 133 m über alles eine Besatzung von 45 Mann und konnte 8000 Tonnen Ladung tragen, während dreißig Jahre zuvor die CUTTY SARK mit einer Besatzung von 35 Mann nur 1300 Tonnen Ladung an Bord nehmen konnte.
Ladung wie Kohle, Getreide, Salpeter und Guano konnten von großen Windjammern aus Stahl oder Eisen noch günstig transportiert werden, so daß diese bis ins 20. Jahrhundert hinein noch profitabel fuhren.

22. Seven Seas, 1935
Die „Windjammer" – das Wort bedeutet „durch Wind gedrückt, gepreßt werden" – waren für die Umrundung von Kap Hoorn entworfene Segelschiffe. Auf dieser langen Strecke gab es keine Versorgungshäfen für die damaligen Dampfschiffe. In dieser Zeit wurden hauptsächlich zwei gefährliche, weil leicht entzündliche Ladungen mit Windjammern verschifft: Kohle nach Südamerika, wo sich die Industrie entwickelte, und Salpeter für den wachsenden Bedarf an Düngemitteln nach Europa.
Diese Schiffe waren viel größer als die majestätischen Klipper; die meisten waren über 100 m lang gegenüber den 60–70 m der Klipper; sie trugen mehr Segel, waren stärker und beförderten größere Ladungen, waren aber ebenso schnell, und sie benötigten kleinere Besatzungen.
Diese letzte „große Zeit" des Segelschiffs, die mit dem Zweiten Weltkrieg endete, war durch die Verwendung von Stahl möglich und zwar bei sämtlichen Bauteilen, vor allem für das Rigg, und durch die Brasswinden für die Bedienung der Segel und Rahen.
Auf einem Foto von 1900 zählt man in dem australischen Hafen Newcastle mehr als fünfzehn Windjammer, die auf Beladung mit Kohle für Chile warten, wo sie dann Salpeter laden sollten. SEVEN SEAS wurde 1912 in Schweden erbaut.

23. Fishing schooner, 1922
Für die Grosssegler war die Umrundung von Kap Hoorn die Bewährungsprobe, und für die amerikanischen Fischereischoner waren die Neufundlandbänke genauso hart.
Auf diesen Breiten – wir sind auf 45° Nord und im kalten Labradorstrom – waren Schneestürme häufig, und das Wetter war durch das Aufeinandertreffen von kaltem Labradorstrom und warmem Golfstrom unbeständig. Man mußte sich hier in den seltenen Pausen zwischen den Sturmböen schon tüchtig rühren, um das Deck freizuschaufeln; zehn Zentimeter Schnee an Deck bedeuteten eine Belastung von 20–30 Tonnen, die bei der nächsten Bö gefährlich werden konnte.
Die Schiffs- und Besatzungsverluste der Fischereiflotte Nordamerikas waren am Ende des 19. Jahrhunderts sehr hoch: Im Schnitt gingen jährlich zwanzig Schoner mit 153 Mann verloren.
Abgesehen von den Wetterbedingungen war diese tragische Tatsache auch auf den Entwurf der Schiffe zurückzuführen, der einzig und allein durch die Anforderungen des Erwerbszwecks diktiert war, d. h. durch die Tatsache, daß man möglichst schnell mit größter Ladung an Fischen auch in flachen Gewässern segeln mußte.
Am Ende des 19. Jahrhunderts suchte man die Sicherheit zu verbessern; die Rümpfe hatten nun tiefgehende Kiele statt aufholbarer Schwerter, die Schiffe waren nicht mehr ausgesprochen übertakelt, die Linien im Bugbereich voller. Das Bugspriet war kürzer, und der „Witwenmacher" hatte ausgedient, jene Spiere, die so vielen Seeleuten beim Kampf mit den Vorsegeln das Leben kostete.

24. Crew on a square rigger, 1929
Erst am Ende des 19. Jahrhunderts, nach 1880, erschienen auf den großen Segelschiffen Winschen als Manövrierhilfe; Erfinder oder richtiger der Mann, der auf den Gedanken kam, Winden zu diesem Zweck zu verwenden, war ein tüchtiger und erfahrener schottischer Kapitän, J. C. B. Jarvis. Die Winschen wurden zum Heißen der Rahen und der Segel sowie zum Holen der Brassen eingesetzt; bei den anderen Segelmanövern verließ man sich nach wie vor auf die Muskelkraft, auf die Zahl der Seeleute.
Es ist schwer zu erkennen, um was für ein Manöver es sich auf dem Foto handelt, es könnte, da die Leine senkrecht nach oben zeigt, das Einholen eines Marssegels sein. Eindeutig ist die hohe Belastung, so daß mindestens sechs Mann anpacken müssen. Die Höhe der Verschanzung und die Größe der Poller im Vordergrund lassen vermuten, daß wir auf einem großen Windjammer sind.

25. Henry Ford, 1922

Die nordamerikanischen Küsten, vom kalten Labradorstrom bespült, sind immer besonders fischreich gewesen: von Lunenburg in Neuschottland, Kanada, bis hinunter nach Portland in Gloucester und Provincetown für den Fang von Kabeljau und weiter hinunter bis Baltimore für die Ernte von Austern und Muscheln. Dieser natürliche Reichtum förderte die Entwicklung eines besonderen Schiffstyps, des Fischereischoners.

Um die Mitte des 19. Jahrhunderts wurden zwei Grundtypen des Schoners gebaut: die Bankschoner, auf denen der Fang in Salz konserviert wurde, Schiffe von großer Ladefähigkeit, und die „Klipperschoner" für den schnellen Transport der Fänge zu den Fischereihäfen.

Mit der Zeit verbreitete sich ein Zwischentyp, der „George-Banker", nach der Bank dieses Namens genannt, die 150 Seemeilen vor Boston und ebenso weit vor Neuschottland liegt. Dieses Schiff war einerseits für einen langen Einsatz auf den Bänken sowie zum schnellen Transport des Fangs zu den Häfen und andererseits für den täglichen Fang von Austern und Muscheln entworfen worden.

Die HENRY FORD ist ein typischer Vertreter dieser Schiffsgattung, die auch als „Schoner von Gloucester" bezeichnet wird. Das Foto zeigt den Schoner 1923 in der Massachusetts Bay während der dritten Serie gegen einen kanadischen Schoner bei den International Fisherman's Cup Races. In jenem Jahr trat der neue Schoner COLUMBIA als Herausforderin gegen die kanadische BLUENOSE an. Die Kanadier gewannen glücklich, und die BLUENOSE hatte in den nächsten 15 Jahren bei diesem Cup die Nase vorn.

26. Robt. Jno. Beswick, 1924

Das Foto zeigt nur wenig von einem Schiff, gibt dem Betrachter aber einen Einblick in die Lebens- und Arbeitswelt der 20er Jahre unseres Jahrhunderts. Der 80-Fuß-Schoner ROBT. JNO. BESWICK wurde 1901 als Küstensegler gebaut. 1924, im Jahr dieser Aufnahme, fuhr er Fracht von und nach New Haven am Long Island Sound. Kleine Schoner wie dieser, einige in Familienbesitz, fuhren ihre Ladung unter der US-Ostküste von der Mitte des 19. Jahrhunderts bis in die 30er Jahre dieses Jahrhunderts: Holz, Kohle, Baumaterial, Waren aus den Fabriken und die Güter der Landwirtschaft.

Auf dem Foto sind z.B. die Gatchen für die Reihleine zu erkennen, mit der das Segel am Wind flach geholt wird, und ein paar Reffbändsel des ersten Reffs, alles ganz wie heute, auch die Leinen für die „Lazy Jacks". Und das alles im Jahre 1924 – wie wenig hat sich seitdem verändert!

Natürlich hatte man keine Maschine an Bord, aber die Erzeugnisse des Industriezeitalters werden schon genutzt: Der kleine Benzinmotor im Tender schiebt den Schoner ein wenig durch die Flaute. Mit der Familie an Deck – der Vater stolz am Ruder, schaut ebenso bewußt ins Objektiv wie seine Frau mit ihren Kindern – gibt der kleine Schoner einen properen Eindruck wieder: Das Schiff ist nicht nur Lebensunterhalt, sondern auch Zuhause.

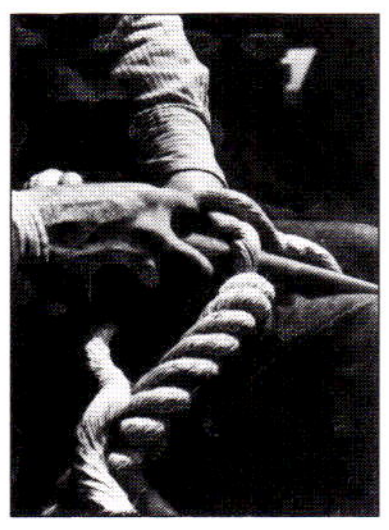

27. Splicing rope, 1938

Tausendundeine Arbeit sind nötig, um ein Schiff und sein Rigg funktionstüchtig zu halten, unerläßlich, um den Wind ausnutzen zu können und sicher wieder nach Hause zu kommen.

Das Spleißen von Leinen, Schoten und Fallen ist z.B. eine dieser Arbeiten: Der Marlspieker ist wie eine Verlängerung der Finger des Seemanns, durch die sich seine Kraft und Geschicklichkeit überträgt. Es ist ein ganz einfaches Werkzeug, aber ein Erzeugnis tiefen technischen Wissens: Seeleute nennen das „Marlspieker-Seemannschaft".

Die fotografische Aussage der Rosenfelds legt es offensichtlich nicht so sehr darauf an, uns eine umfassende Schau von der Welt des Segelns und der See zu geben und mehr Gewicht auf das Verhältnis des Menschen zu seinem Tun auf dem Wasser zu legen als die der Familie Beken, die als das englische Gegenstück zu den amerikanischen Fotografen gelten kann. Während die Bekens mehr Gewicht auf die Großartigkeit ihres Gegenstandes legen, auf die Kraft oder seine Schönheit, seine Seetüchtigkeit und die Fähigkeit, sich gegen den Wind zu behaupten, ging es den Rosenfelds immer mehr um das Tun der Menschen.

Dieses rosenfeldsche Bild konzentriert sich auf das, was hier getan wird, wie es auch der Seemann tun mußte, der sich darauf konzentrierte, den natürlichen Drehsinn eines Kardeels der Leine geschickt zu nutzen, anstatt hier gegenanzuarbeiten.

28-29. Kaiser Cup Race, 1905

James Burton, der diese Bilder aufgenommen hat, ist ebenfalls ein amerikanischer Fotograf wie auch J. C. Hemment, J. S. Johnston, C. E. Bolles und N. C. Stebbins, alle Zeugen einer großartigen Zeit des Yachtsegelns. Das Bild zeigt, welche Aufmerksamkeit die Presse und die öffentliche Meinung Ereignissen wie diesen entgegenbrachten.

Wir sind vor Sandy Hook, New Jersey, also in der Einfahrt in den Hafen von New York, beim Start zum Kaiser-Pokal. 1905 hatte Kaiser Wilhelm II. diesen Pokal gestiftet, um zu zeigen, daß Deutschland im Segelsport etwas darstellte. 3000 Seemeilen waren es bis Cape Lizard an der Südwestküste Englands.

Die Regattaleitung auf dem Feuerschiff SANDY HOOK hat den Kanonenschuß zum Zeichen des Starts gelöst (man sieht noch die weiße Rauchwolke vor dem Schiff oben rechts), und die beiden am weitesten vorn liegenden Schiffe, der Dreimastschoner hinter dem Rauch und die große Brigg, liegen im Wind, wahrscheinlich um nicht zu früh über die Startlinie zu gehen.

Unter den Teilnehmern, im ganzen elf Yachten, waren die FLEUR DE LYS, ein amerikanischer Schoner von 33 m Länge, die englische Brigg VALHALLA von 64 m, die ENDYMION, ebenfalls ein amerikanischer Schoner (45 m), die Yawl AILSA (38 m), die HILDEGARDE von 40 m, ebenfalls ein amerikanischer Schoner und als einziger deutscher der Schoner HAMBURG.

Und schließlich die ATLANTIC, ein Dreimastschoner, der das Rennen gewinnen und dabei auch einen Rekord aufstellen sollte: Er überquerte den Atlantik in zwölf Tagen und vier Stunden; dieser Rekord wurde erst 1980 von Eric Taberly mit einem Trimaran gebrochen.

30. N. Y. Y. C. Cruise, 1955

Mehr als zweiunddreißig Boote sind schon auf diesem Bild zu sehen, weitere werden noch weiter rechts außerhalb des Bildes, etwas in Luv von der Tonne segeln, und andere sind noch weiter entfernt.
Es war wenig Wind bei diesem Geschwadersegeln des New York Yacht Club 1955, aber wie immer sind fast alle Boote des Clubs dabei.
An der Tonne kann man einen leichten Strom erkennen, der die Boote versetzt, die führende Yacht hat den Spinnakerbaum aufgetoppt, um das Achterliek des Segels zu öffnen und damit ein paar Grad nach Luv zu gewinnen, doch dadurch kann die Abdrift größer werden – schwierig abzuschätzen.
Die weiter in Luv stehenden Boote sind inzwischen auf die Tonne abgefallen, während die weiter in See segelnden den Spinnaker geborgen haben und mit der Genua höher an den Wind gegangen sind.
Eine Situation, wie sie am Ende einer Regatta oft vorkommt: Die Sonne steht schon tief, der Wind hat nachgelassen, aber die Ziellinie ist nahe, es ist kein Seegang; die Boote, jedenfalls die weiter vorne liegenden, haben noch Fahrt, und in den Segeln steht noch etwas Druck. So möchte es der Regattasegler haben – und gewinnen will er natürlich auch.

31. Larchmont Yacht Club One Designs, 1924

Zum Regattasegeln waren und sind immer Wettfahrtregeln und Klassenbestimmungen, und natürlich auch die Segelclubs, unentbehrlich.
In Großbritannien, wo der älteste Yachtclub, der Water Club of the Harbour of Cork, schon 1720 gegründet wurde, herrschte damals, und heute wohl auch noch, in exklusiven Kreisen ein gewisser Snobismus.
In den Vereinigten Staaten hingegen war das Scheckbuch die Eintrittskarte. Ihre Gründer und Mitglieder gehörten nicht zum Adel, den es im übrigen dort nicht gab, es waren Industriemagnaten, Verleger und Finanzleute, kurz, die zukünftigen Herrscher der Welt.
Schon in der zweiten Hälfte des 19. Jahrhunderts zählte man in Nordamerika mehr als achtzig Yachtclubs. Auf der langen Reede des Long Island Sound vor New York mit seinen geschützten Gewässern waren es schon etwa zehn Clubstander. Der berühmteste von ihnen war und ist der New York Yacht Club, der 1844 von John Cox Stevens und acht seiner Freunde gegründet worden war.
Der Larchmont Yacht Club zählte zu den bedeutendsten, und in den 20er Jahren war er die Bühne für große Segelwettkämpfe: „One Designs", diese Boote einer Einheitsklasse auf dem Foto, waren so etwas wie eine Antwort auf die 30- und 50-Fuß-Yachten sowie auf die 703-Klasse des New York Yacht Club.

32. Atlantic, 1933

Die Atlantic war sicherlich nicht der einzige Dreimastschoner, sie fuhr ein Rigg, das auch hunderte von anderen amerikanischen Schiffen trugen, aber bestimmt galt sie immer und überall als der schnellste und eleganteste Schoner.
Die Yacht wurde 1903 von William Gardner in New York entworfen, der später die Vanitie, die Verteidigerin des America's Cup von 1914 zeichnete, sowie ein Einheitsregattaboot, das seit 1911 bis in unsere Tage weltweit bekannt ist: das Starboot.
1904 vom Stapel gelaufen, ließ ihr Eigner Wilson Marshall die Atlantic für die Transatlantikregatta um den Kaiser-Pokal 1905 bauen.
Marshall wollte am Ruder seiner Atlantic einen berühmten Skipper haben, der bereits bei drei Austragungen des America's Cup dabei war, den Schotten Charlie Barr, und der wurde seinem Ruf gerecht: Die Atlantic siegte und stellte auf der Überfahrt einen Geschwindigkeitsrekord auf: 12 Tage, 4 Stunden, 1 Minute und 19 Sekunden bedeuteten 10,02 Knoten Durchschnittsgeschwindigkeit.
Die Yacht hatte eine ruhmvolle Laufbahn, sie segelte unzählige Male auf jenem Ozean, dessen Namen sie trägt. Die Atlantiküberquerung wiederholte sie zum Beispiel 1928, als sie an der Ost-West-Wettfahrt nach Spanien teilnahm. Häufig war sie bei Regatten anzutreffen, bei denen berühmte Größen, so Georg V. von England, ein leidenschaftlicher Segler, zu ihren Gästen gehörte.

33. Commodore Nichols, Seawanhaka Corinthian Yacht Club, 1921

Bestimmt sind die Boote anders geworden wie auch das Regattasegeln, und auch das, was der Segler anzieht, ist anders geworden: Heute käme niemand auf den Gedanken, sich auf dem Wasser so zu zeigen wie George Nichols, der Vice-Commodore des Seawanhaka Corinthian Yacht Club, hier 1921 am Ruder seiner 6-m-R-Yacht bei einer Regatta auf der Oyster Bay.
Und doch gibt das Bild dieses Gentleman im weißen Oberhemd mit Schleife, die Stoppuhr in der Hand, voll und ganz den Sportsgeist und jenes Selbstbewußtsein wieder, die für das Yachtsegeln der amerikanischen Gesellschaft charakteristisch waren.
Vor allem aber überrascht die Ungezwungenheit, mit der George Nichols wie auch Charlie Barr, Mike Vanderbilt und ihre Besatzungen, Berufsseeleute oder nicht, aufs Wasser gehen, ohne das ganze Drumherum der yachtspezifischen Kunstfaser-Schutzkleidung, wie wir das heute für unbedingt notwendig halten, um einer Seefahrt ins Auge zu blicken.

34. Chesapeake sailing canoe, 1929

Während die großen Yachten auf der offenen See gegeneinander kämpften, waren auf den Buchten – ohne Seegang, geschützt und doch windreich –, ungewöhnliche Entwicklungen möglich, wie zum Beispiel die „Sandbagger", die sich bei ihrem Vermögen, viel Tuch zu tragen, auf ihre Breite verließen und auf die Sandsäcke, die die Crew bei jedem Schlag auf die neue Luvseite packte. Oder wie bei diesem „Chesapeake Log Canoe" genannten Typ, das mit dem Gewicht der Männer arbeitete, die außerhalb des Bootes auf langen Planken hockten. Beim Wenden gingen die Segel über, ohne daß man die Schoten bedienen mußte, kein Backstag war vorhanden, und wenn das Boot im Wind lag, nahmen die Segler die langen Planken ein, um sie auf der anderen Seite wieder herauszuschieben.
Und das war das einzige Manöver für die sieben Männer der Besatzung.
Die Masten, unverstagt und ohne Backstagen, ließen eine Vergrößerung der Segelfläche in der Höhe nicht zu; daher suchte man in der Horizontalen ein Höchstmaß an Segelfläche zu erreichen, und so erfanden die ersten weißen Siedler an der Chesapeake Bay dieses ungewöhnliche System von Bäumen mit senkrechten Spieren am Baumende. Ähnliche Segelkanus mit Auslegerplanken kann man heute noch an einigen Stellen in der Karibik bewundern, zum Beispiel auf den Bahamas die „Bahama Sloops" oder die auf Martinique beheimateten „Yoles Rondes".

35. Elizabeth Ann Howard, 1922

Wie die englischen Klipper des 19. Jahrhunderts, die darum wetteiferten, in möglichst kurzer Zeit den Hafen zu erreichen, wo sie ihre wertvolle Tee- oder Wolladung löschten, so suchten im Nordatlantik die Fischereischoner so schnell sie konnten, mit ihrer auf den Neufundlandbänken gefangenen, leicht verderblichen Ladung, in den Hafen zu kommen.
Während aber die Klipper niemals in organisierten Wettfahrten gegeneinander segelten, richteten die Amerikaner regelrechte Regatten zwischen den Fischereischonern aus, die mit hohen Teilnehmerzahlen große Aufmerksamkeit fanden.
Unter diesen Voraussetzungen entstanden sehr schnelle Schiffe mit guten See-Eigenschaften und einem leicht zu bedienenden Rigg.
Das Foto wurde nach einem Ausscheidungsrennen in der Massachusetts Bay zum International Fisherman's Cup Race 1923 aufgenommen: Drei Schoner liegen bei leichter Brise am Wind und laufen bei Sonnenuntergang Richtung Heimathafen Gloucester.
Die packende Atmosphäre der Regatta ist einer ruhigen Abendstimmung gewichen. So bot sich dem Fotografen Morris Rosenfeld an Bord der Henry Ford einmal die Chance, die Elizabeth Ann Howard zu porträtieren: Auf der Suche nach Geschwindigkeit wurden aus den Linien eines reinen Arbeitsfahrzeuges zunehmend Rümpfe entwickelt, die viele Elemente der klassischen Yachten im heutigen Sinne zeigen. Aber weder Henry Ford noch Elizabeth Ann Howard war es vergönnt, das Cup-Finale vor Halifax in Neuschottland zu erreichen.

36. At the start, 1930

Die Rosenfelds hatten einen wirklich privilegierten Beobachtungsplatz: Seit Beginn unseres Jahrhunderts und heute noch ist der Long Island Sound fast täglich Schauplatz von Segelveranstaltungen, Regatten, Auslaufen zu Segelreisen und Training von Booten jeder Art.
Die Rosenfelds brauchten sich nur um die Lichtverhältnisse zu kümmern und darum, besondere Situationen zu erfassen; Objekte standen ihnen im Überfluß zur Verfügung: Hier zum Beispiel während der Larchmont Race Week 1930 beim Start zur Regatta einer Ausgleichsklasse.
Zuzusehen, wie sich auf einer Regatta die Kurse so unterschiedlicher Boote kreuzen, wie der des kleinen Gaffelkutters – eher Fahrten- als Regattayacht – und der großen Slup mit Marconirigg: Das überträgt die ganze Spannung des Kampfes aus erster Hand auf den Beobachter. Vor Larchmont sah man übrigens, vor allem in der Zeit zwischen den beiden Weltkriegen, die verschiedensten Yachttypen vorbeisegeln.
Und Treffen wie diese gab es viele auf den stark besetzten Regattabahnen hier in Neuengland, ebenso wie auch in England vor Cowes oder vor Kiel in Deutschland.

37. International knockdown, 1941

Die Bootsbesatzungen der International One-Designs segelten immer bis an ihre Grenzen und waren bei den Regatten sehr kampfeslustig: höchst spektakuläre Starts, Begegnungen dicht vor der Ramming.
Die Konstruktion des Norwegers Bjarne Aas war von der 6-m-R-Klasse inspiriert, und das seglerische Potential kann durchaus mit denen der Drachen oder der modernen Solings verglichen werden; diese Einheitsklasse ist also ausgezeichnet geeignet für die Ausbildung von Steuerleuten und Crew.
Auf dieser Aufnahme von 1941 ist man bei dem herrschenden Wind offensichtlich an der Grenze des Spinnakersegelns; das ganze Feingefühl des Steuermanns ist hier gefragt, um noch eben rechtzeitig zu „fühlen", wenn das Boot anluven will und um es durch gefühlvolles Ruderlegen daran zu hindern, aber nicht mehr; wir sind schließlich in einer Regatta, und da können wir es uns nicht leisten, auch nur etwas Raum zu verlieren. Der Vorschotmann wird schnell die Schot fieren, genau in dem Moment, in dem der Steuermann, wenn er fühlt, daß das Boot nach Luv ausbrechen will, es ihm zuruft; tut er es zu früh, wird der Steuermann ihn beschimpfen, tut er es danach... dann ist es zu spät, wie auf dem Foto. Bei diesem „Sonnenschuß" hilft nur, alles loswerfen, dann kommt das Boot wieder hoch, und die Yacht kann weitersegeln.
Aber der Freund in Luv wird ungefähr 50 m Vorsprung gewonnen haben, es wird sehr hart sein, das wieder aufzuholen. Sofern es ihn nicht auch erwischt.

38. J Boats, 1937

Diese Aufnahme zeigt das wahre Ende einer Epoche: Es ist der letzte Start, der die fünf „heiligen Ungeheuer“ in einer Reihe sieht, einmalige Schöpfungen des Segelsports.
Fünf Boote der J-Klasse bei der N.Y.Y.C.-Cruise von 1937:
Endeavour mit der Segelnummer K4 und Endeavour II, K6, die beiden Camper & Nicholsons-Schiffe von T.O.M. Sopwith, starten hier gut, etwas vor den Amerikanern. Von denen ist Rainbow, die am weitesten in Luv steht, ein Entwurf von Starling Burgess und die Siegerin beim America's Cup von 1934, knapp vor der Endeavour; Ranger, Segelnummer 5, ist ein neuer Entwurf, entstanden aus der Zusammenarbeit von Burgess und Olin Stephens für Harold Vanderbilt, die in eben diesem Jahre über die Endeavour II siegen sollte, und schließlich die alte Yankee von Frank Paine, der Trainingspartner von damals. Die Enterprise, die futuristische Verteidigerin von 1930, war schon abgewrackt.
Von diesen fünf „Rittern“ ist heute nur noch die Endeavour in vollkommen segelklarem Zustand am Leben, dank der aufwendigen Restaurierung durch die amerikanische Seglerin Elizabeth Meyer; hinzu kommen noch Shamrock V und Velsheda, alle drei gezeichnet von Charles E. Nicholson und gebaut von Camper & Nicholsons in Gosport, England.

39. International One Designs, 1941

Was Cowes für den Beginn und den beruflichen Erfolg der Dynastie der Bekens war, das war Larchmont für den Beginn und die Entwicklung der Tätigkeit der Rosenfelds.
Sie legten sich in der Nähe einer Boje hin und warteten: Auf das dramatische Vorbeisegeln der International One-Designs auf diesem Foto, und das beweist wahre Meisterschaft. Geschehen wie dieses durch den Druck auf den Auslöser im richtigem Moment festzuhalten, brachte Stanley Rosenfeld auf den Punkt: „... es kam nur darauf an, zu warten, bis eine plötzliche Wetteränderung einem Augenblicke von dramatischer Aktion bescherte...“
Auf dem Foto kreuzen drei International One-Designs auf die Wendemarke zu. Der Steuermann im Vordergrund, ist, so wie er es muß, im letzten Moment abgefallen, um ganz dicht hinter dem Heck der Nr. 7 durchzugehen.
Die Nummer 22 läuft in aller Ruhe vorbei. Es war gut, daß sie nicht schon vor unserem Boot gewendet hat; nun kann die Nr. 7 nicht wenden, und die Nummer 22 liegt auf einer besonders günstigen Position und kann nun als erste wenden.

40. H Class boats, 1900

Nat Herreshoff stellte in einem der ersten Jahre des 20. Jahrhunderts auf Wunsch des New York Yacht Club mit der Universal Rule eine ganz einfache Formel auf.
Nach dieser Formel entstanden Bootsklassen, die durch Buchstaben bezeichnet waren: von A bis E für ketschgetakelte Boote mit einer Länge in der Wasserlinie von 9 bis 30 m; von H bis Q für Slups oder Yawls von gleicher Länge in der Wasserlinie.
Die H-Klasse hatte Glück, weil sie vom New York Yacht Club zu seiner Einheitsklasse ausgewählt wurde. Von den übrigen Klassen erreichten in den 30er Jahren nur die M-, Q-, R- und die S-Klasse Verbreitung. Aber die sagenhaften Boote der J-Klasse setzten sich durch und gelangten, für den America's Cup ausgewählt, zu Weltruhm.
Diese vier Boote der H-Klasse, 106 Fuß (32 m) über alles lang, mit ihren riesigen Gaffel- und Toppsegeln, wirken wie Botschafter der unvergleichlichen Eleganz des Yachtsports aus der Zeit vor dem Ersten Weltkrieg.

41. Stormy Weather, 1937

1930 zeichnete ein junger amerikanischer Konstrukteur, Olin Stephens, eine kleine revolutionäre Yacht von 52 Fuß Länge, die schon die ganzen Baugedanken der folgenden vierzig Jahre in sich vereinen sollte: die Dorade.
Die Dorade gewinnt die Transatlantik-Regatta und das Fastnet Race; 1933 gewinnt sie das Fastnet Race erneut.
1934, Olin und Rod Stephens zeichneten nun im Konstruktionsbüro von Sparkman & Stephens, entstand eine wahre Nachfolgerin – Stormy Weather. Sie gilt ohne Einschränkung als eine der schönsten Yachten, und sicher ist sie der wahre Prototyp der modernen Yacht, wie er bei der Dorade schon im Zustand des Werdens zu erkennen gewesen war.
Wie die Dorade ist sie yawlgetakelt; der Treibermast steht so weit hinten, daß er einen Ausleger für den Angriffspunkt der Schot braucht, das hält den Bug gut am Wind, und der Besan steht weniger im Abwind des Großsegels. 19 m^2 Segelfläche mehr als Dorade, gewinnt Stormy Weather die Transatlatik-Wettfahrt 1935 und das Fastnet Race, 1941 dann die erste SORC-Serie, um 1987 beim Fastnet Race noch einmal eine beeindruckende Leistung zu zeigen.
Auf dem Foto von 1938 segelt sie hoch bei starkem Wind, noch in dem unruhigen Wasser in Küstennähe – Wind und Strom laufen in gleicher Richtung –, aber bald wird sie in das ruhige Wasser des Golfstroms gelangen, den dunklen Streifen des Wassers nicht weit vor dem Bug.

42. Star class, 1950

Die Stellung des Steuermanns und des Vorschoters sind so „klassisch“ und einmalig, daß jeder Segler, auch wenn man den Bootskörper aus dem Bild nähme, auf Anhieb sagen könnte, um welches Boot es sich hier handelt: Es ist ein Starboot.
So auch der Stern, der im oberen Teil des Großsegels zu erkennen ist und auch einen Neuling gleich sagen lassen würde: Das ist ein Star!
Diese Einheitsklasse, zu Anfang unseres Jahrhunderts unter dem Stift von William Gardner ins Leben getreten, jenes vielseitigen Konstrukteurs, dessen Spannweite von dem Entwurf einer America's Cup-Verteidigerin wie der Vanitie 1914 bis hin zu dem viel größeren und schöneren Dreimast-Schoner Atlantic (56 m) reichte, ist auch heute noch olympische Klasse. Ein Star gilt und galt schon immer als die beste Schule und Schmiede für Steuerleute: Der Vorschoter muß nur ordentlich was auf die Waage bringen.

43. Dyna, 1962

Dyna ist eine Ketsch von 58 Fuß Länge, 1957 auf der Werft Burger Boat Company in Manitowoc, Wisconsin, am Ufer des Michigansees erbaut.
Der Horizont ist weiter geworden. Nun ist es nicht mehr nur die Ostküste, die in den USA das Monopol des Yachtsegelns innehat!
Auch das Material für den Yachtbau ist ein anderes geworden: immer weniger Holz, einmal wegen der Kosten, dann weil die Beschaffung schwieriger geworden ist und schließlich, weil hochspezialisierte Arbeitskräfte immer seltener werden.
Sparkman & Stephens, das Büro, das der berühmt gewordene Olin Stephens mit seinem Bruder Rod und dem Schiffsmakler Sparkman eröffnet hat, konstruierten die Dyna in einem jedenfalls im Bootsbau ganz neuen Material – in Leichtmetall, in Aluminium: extrem leicht, dabei unerreicht steif und zäh, ideal für Regattayachten.
Das Foto entstand südwestlich vor Newport, Rhode Island, in der Nachmittagssonne. Jedenfalls ist sie gut im Trimm: Der tadellos geschnittene Spinnaker steht prächtig und läßt die Dyna fast ins Surfen kommen.

44. Hinckley Pilot, 1949

Einst sagte man, und das gilt auch heute noch, daß für den Entwurf eines Bootes Ausgangsvoraussetzungen gelten: Geschwindigkeit, Seetüchtigkeit und Bequemlichkeit, daß aber diese drei zusammen gleichzeitig nicht befriedigend erfüllt werden können. Eine Eigenschaft von ihnen müsse hinter den anderen zurückstehen, und die Wahl sei von örtlichen Gegebenheiten, in denen das Boot segeln sollte, davon, wie man segeln möchte und überhaupt von der Vorstellung des Eigners vom Segeln bestimmt. Das war der Grund, warum kaum ein Boot dem anderen glich, und vielleicht lag darin, jedenfalls zu einem Teil, ihr Zauber.
Nach dem Zweiten Weltkrieg begann die Ära der Serienboote auf dem Markt und denen gingen die „One-Designs“ voraus, die im Grunde diese Entwicklung vorwegnahmen.
Henry Hinckley, Konstrukteur und Bootsbauer, machte sein Vermögen mit eben dieser Art von Konstruktionen, und die baut er auch heute noch, wobei seine Entwürfe im klassischen Design, wie man bei einem Überblick über den Bootsbau weltweit feststellt, sich dadurch auszeichnen, daß Holz bei ihnen eine wichtige Rolle spielt.
Nun sind wir in der modernen Zeit: Die Aufnahme ist von 1949 und zeigt ein Boot von Hinckley, das bereits jenen Verlust an „Persönlichkeit“ anzeigt, von dem die Rede war. Aber wie die See mit ihm umgeht – das hat sich nicht im geringsten geändert.

45. Lutine, 1952

Diese Aufnahme von 1952 gibt am reinsten wieder, was Hochsee-Regattasegeln ist: ein Sport, bei dem Wettkampf, und das ist die Fähigkeit mit Technologie und Technik die Winde auszunutzen, und Seefahrt, also die Fortbewegung von einem Ort zu einem anderen, ein Ganzes bilden.
Und die Mischung aus den beiden Momenten, Wettsegeln und Fahrtensegeln, gibt es allein bei der Hochseeregatta, die also der natürliche Zweck ist, zu dem diese Schöpfungen der Schönheit und der Kraft entstehen.
Die Lutine zeigt hier, daß sie ganz eins ist mit ihrer Umgebung: die Segel mit den Wolken, ihr Schiffskörper mit dem unendlichen Meer, und selbst die Menschen an Bord sind offenbar in vollem Einklang mit dem Ganzen.
Lutine war in eben diesem Jahre bei Camper & Nicholsons gebaut und von Laurent Giles gezeichnet worden.
Zu dieser Zeit war die Welt des Seesegelns geteilt, wie es in der Geschichte oft vorkam, und zwar zwischen der amerikanischen Ausgleichsformel des Cruising Club of America und jener europäischen des Royal Ocean Racing Club. Giles zeichnete die Lutine für beide Formeln und erhielt so ein Boot, das beide Formeln mit einem guten Rating segeln konnte.
Lutine erwies sich als ausgezeichneter „Racer“, errang aber ihre größten Erfolge in Europa, wo sie zweimal, 1953 und 1955, beim Fastnet Race mit vorne lag.

46. Seascape, 1938

Das Seegebiet vor der nordamerikanischen Ostküste, zwischen Neuschottland in Kanada und Virginia in den USA, hat immer ideale Bedingungen für einen höchst spektakulären Segelsport geboten.
Es gibt dort viele Zufluchtsmöglichkeiten in geschützten und nicht sehr tiefen Gewässern, man denke nur an den Long Island Sound vor New York, die Massachusetts Bay vor Boston, den Nantucket Sound, an das Gebiet von Newport, das durch Martha's Vineyard geschützt wird, oder an die Chesapeake Bay; alles Reviere, wo sich große und kleine Yachten den launischen Winden und den Strömungen stellen können.
Die Wetterverhältnisse ändern sich häufig und plötzlich. Wir befinden uns auf einer Breite, wo durch das instabile Zusammentreffen der kontinentalen polaren und der ozeanischen tropikalen Luftmassen Depressionen entstehen: Als Folge der unterschiedlichen Geschwindigkeiten der Winde, die in beiden Gebieten aus jeweils entgegengesetzter Richtung wehen, entstehen Diskontinuitäten und damit zyklonale Zirkulationen der Luftmassen. Um das Ganze noch weiter zu komplizieren, kommt noch der Einfluß der großen Ströme dazu, des kalten Labradorstroms, der längs der Küste von Labrador von Nordosten bis hinunter zur Breite von Baltimore reicht, und des warmen Golfstroms, der, von Südwesten kommend, genau im Kreuzungspunkt der beiden Ströme in östliche Richtung schwenkt.
Die niedrig stehenden Cumuluswolken und die Gewitterwolken auf dem Foto künden starken Wind und heftige Regenschauer an.

47. Ingomar and Elmina, circa 1908

Zu Beginn unseres Jahrhunderts wurden die großen Schoner zu einem besonders verbreiteten Yachttyp, und die großen Konstrukteure wandten ihnen ihre besondere Aufmerksamkeit zu.
1903 entwarf Nat Herreshoff INGOMAR für den Finanzmagnaten Morton F. Plant, der noch weitere große Yachten, auch Motoryachten, bestellen sollte. Der Schoner aus Stahl war der erste in einer langen Reihe von Schiffen dieser Art. ELMINA, ebenfalls aus Stahl, entstand bei Townsend & Downey für Frederick Brewster, gezeichnet von A. Cary Smith.
Einige, und das sollte nicht unerwähnt bleiben, schreiben den Entwurf der INGOMAR Thomas McManus zu, einem Fischhändler, passionierten Yachtsegler und Amateurkonstrukteur; ihm verdanken wir sicherlich viele Entwürfe von Fischereischonern, von denen einige durch ihre Leistungen herausragen. Zu diesen gehört zweifellos die ELSIE, die in die Geschichte eingegangen ist, weil es ihr, allerdings nur einmal, gelang, die kanadische BLUENOSE zu schlagen.
Die Aufnahme stammt von James Burton; die ELMINA führt vor der INGOMAR, ist aber mit ihren Segeln noch nicht fertig. Beide Yachten müssen gerade eben über Start gegangen sein, der Mann auf der Saling mußte das Toppsegel am Fockmast aufgeien, um den Hals des Segels vor dem Wenden auf die andere Seite zu holen.
Auf der INGOMAR haben sie schon den Flieger gesetzt, auf der ELMINA müssen sie das noch tun, und das Schonersegel ist noch nicht dicht geholt.

48. Water Gipsy, 1936

Seit den ersten Jahren unseres Jahrhunderts veranstaltet der New York Yacht Club jährlich eine Regatta für seine Mitglieder, die aber auch für angesehene Gäste offen ist, über 40 Seemeilen in den Gewässern außerhalb des Schutzes von Long Island, eine Art Defilee vor den Wohnsitzen der amerikanischen Magnaten.
Das Foto wurde 1936 bei solch einer Veranstaltung aufgenommen, eine kräftige Bö von Martha's Vineyard herüber hält die Besatzungen der beiden Schoner in Atem, besonders den Mann, der das Vorsegel wechselt und auf das Bugspriet hinaus muß.
WATER GIPSY, Segelnummer 49, führt vor der NIÑA, Nr. 2, die, dicht in Luv stehend, mit ihr kämpft.
WATER GIPSY, ein klassischer amerikanischer 60-Fuß-Schoner nach dem Vorbild der Fisherman-Schoner von John Alden gezeichnet, wurde 1931 erbaut. Sie hat bereits den Klüver geborgen und durch eine kleinere Fock ersetzt, bald muß sie das Großsegel reffen – sie liegt schon sehr weit über.
NIÑA wurde über 40 Jahre zu einem Mythos des Yachtsegelns. Ein Entwurf von Starling Burgess, machte sie 1928 von sich reden, als sie die Regatta von New York nach Santander gewann und dabei nach gesegelter Zeit so gewaltige Gegner wie die ATLANTIC schlug, die seit zwanzig Jahren den Rekord für die Überquerung des Atlantiks hielt – dies allerdings auf einer anderen Strecke.
Ebenso gewann die NIÑA im gleichen Jahre das Fastnet Race und 1962, 35 Jahre nach ihrem Stapellauf, siegte sie beim Bermuda Race.

49. Acushla and Istalena III, 1921

Die 50-Fuß-Yachten des New York Yacht Club waren auf Anforderung des Clubs unter den folgenden Vorgaben entworfen worden: Sie sollten billig zu bauen, leicht zu segeln und einfach in der Unterhaltung sein – und sehr schnell.
Nat Herreshoff sollte sie entwerfen, und sie wurden zur größten Klasse der „One-Designs" dieser Größe: 50 Fuß Länge in der Wasserlinie, 72 Fuß Länge über alles.
Das Rigg war, jedenfalls für damalige Begriffe, sehr einfach: kein Klüverbaum und nur zwei Vorsegel, eines mit Baum, also selbstwendend, und dazu ein kleiner Flieger. Gaffelgroßsegel und das Toppsegel mit Fußrah, die Backstagen weit nach achtern gesetzt.
Dieses Rigg wurde von einer sehr kleinen Besatzung gefahren: dem Kapitän, der meist das Ruder übernahm, also die Funktion des Skippers, zwei Seeleuten für die Segelbedienung sowie einem Steward für den Service des Eigners.
Noch heute segeln einige Exemplare dieser Klasse auf den Gewässern von Long Island und Newport, allerdings mit einem geänderten Rigg: Heute wären in der Tat drei Leute nicht in der Lage, jene ursprüngliche „einfache" Besegelung zu bedienen. Die Nr. 55 auf dem Foto ist die ACUSHLA, und die ISTALENA III führt die Nr. 57.

50. Fogbound, 1954

Fünf Yachten, alle verschieden, aber alle mit dem heute als besonders technisch geltenden, in Wirklichkeit aber zur leichteren Bedienung einer Yacht passenden 7/8-Rigg, das mit einer großen toppgetakelten Genua mühsamer zu handhaben wäre.
Im ruhigen Wasser des Sunds warten die Boote auf die Auflösung des Morgennebels, um zu einem neuen Regattatag auszulaufen.
Die Yachten haben in Fünferpäckchen geankert, um in dem engen Gewässer der Bucht Platz zu sparen, und damit es nachts nicht zur Wuhling kommt, wenn die umlaufenden leichten Winde die Yachten schwojen lassen.
Aber diese Art vor Anker zu liegen, trägt zu einem Klima zurückhaltender Vertrautheit bei, wie es den Yachtsegler auszeichnet oder, besser gesagt, zum wahren Yachtsegler gehören sollte.
Es macht Freude, sich auf den nebeneinander liegenden Booten im Solent bei der Cowes-Woche nach einer Nacht an Bord morgens im Cockpit wiederzusehen, mit einer vagen Erinnerung an den „Rees" am Abend zuvor und dem Vorgeschmack auf den bevorstehenden Regattatag.
Das gilt zumindest für die Segler der Zeit in den 60er und 70er Jahren, als man noch auf seinem Boot Regatta segelte, auf Törn ging und schlief – also an Bord lebte.

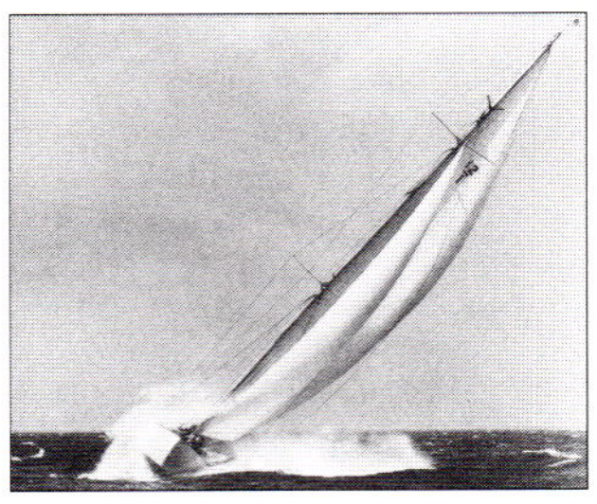

51. Cotton Blossom III, 1941

Im Jahre 1942 wurde das letzte amerikanische Boot der J-Klasse abgewrackt, sein Material für den Krieg geopfert.
Das erste amerikanische 12-m-R-Boot war ein Entwurf von Starling Burgess von 1928, die WAIANDANCE, Segelnummer US 1. Sie wurde zusammen mit fünf anderen 12ern, ebenfalls Entwürfe von Burgess, bei Abeking & Rasmussen in Deutschland erbaut. Das Foto von Rosenfeld wurde 1941 aufgenommen; das Boot hatte einen neuen Namen bekommen und hieß nun COTTON BLOSSOM III. Es segelt noch und ist unter diesem Namen bekannt.
Die 12-m-R-Boote waren in den Vereinigten Staaten von Anfang an ein Erfolg, und nach den sechs Booten von Burgess von 1928 wurden mindestens noch 49 gebaut, die STARS AND STRIPES von 1987 trägt die Segelnummer US 55.

52. Tanya II, circa 1950

Wenn man eine gute und erfahrene Crew hat, die etwas kann und auf die Verlaß ist, dann kommt Freude auf: Hoch mit dem Spinnaker! Die Yacht wirkt fast zu schwer zum Surfen, die vom Rumpf erzeugte Fahrtwelle explodiert in einer Wolke von Spritzern – und das große Segel zieht!
Im Cockpit „kleben" die Augen am Spinnaker, die Hände an den Schoten, um bei dem geringsten Anzeichen für ein „Ohr", ein Einfallen des Segels, anzuholen. Der Rudergänger fühlt das Vibrieren des Ruders, er muß blitzschnell das erste Anzeichen eines Ausbrechens nach Luv erfassen und sofort reagieren.
Der Spinnaker ist ein delikates Segel, perfekt getrimmt, bringt er nicht nur bessere Leistung, sondern auch mehr Sicherheit.
Der Steuermann muß von der Crew auch Arbeit fordern: die Glocke des Spibaums etwas höher setzen, den Achterholer etwas anholen und ihn durch einen in der Mitte des Bootes liegenden Block ziehen, dem Fall einen Meter Lose geben.
TANYA II hat ein gründliches „Facelifting" erhalten, das ihr Alter vergessen läßt: Das Boot erblickte 1927 nach einem Entwurf von Charles Mower als Yawl das Licht der Welt, wurde 1941 restauriert und zur Slup umgetakelt.

53. Members of the N.Y.Y.C. Race Committee, 1978

Als die AUSTRALIA II mit John Bertrand am Ruder bei der siebten Wettfahrt gegen die LIBERTY von Dennis Conner im Sommer 1983 siegte, erlosch das Lächeln auf den Gesichtern der Mitglieder des New York Yacht Club Race Committee.
Wir glauben und hoffen, daß der America's Cup noch einmal hundert Jahre und mehr weiterlebt – und das aus Liebe zum Wettkampf in einem Sport, dem diese Veranstaltung so viel gegeben hat und noch geben kann.
Aber diese Herren in ihren Blazern mit ihren Hüten und dem Hutband in den Clubfarben werden wahrscheinlich nicht mehr mit jenem Ausdruck der Zufriedenheit, wie hier im Jahr 1978, die hartnäckigen Versuche der Herausforderer verfolgen – und das tut uns ein bißchen leid.
Der Reiz dieser Veranstaltung lag in der Tat auch in der absoluten Unmöglichkeit eines für den Herausforderer guten Ergebnisses. Ein Outsider kann siegen, und das passiert öfter – beim America's Cup aber nicht. Sieger sein, und die Mitglieder des New York Yacht Club Race Committee wußten das, würde immer der Verteidiger des Cups – bis 1983.

54. Surveyor Paul Coble at Minneford Yacht Yards, circa 1963
Vor dem Computerzeitalter war der Schnürboden auf den Werften ein „mystischer" Ort und die Gestalt des Vorreißers bei dem „Ritus" des Baus von Yachten und Schiffen so etwas wie ein Hexenmeister. Der Anreißer entwickelte im Maßstab 1:1, also in natürlicher Größe, die Zeichnung für die Rumpfform; von seinem Können bei der Linienführung hing es ab, ob das Schiff überhaupt zu bauen war.
Auf dem Schnürboden der Minneford Yacht Yard, City Island, New York, entsteht ein neuer 12er; die Aufnahme stammt von 1963, und die Yacht ist wahrscheinlich die CONSTELLATION, der 12er, den Olin Stephens für den America's Cup von 1964 gezeichnet hatte. Minneford Yacht Yard hat viele Cupverteidiger gebaut; nach der CONSTELLATION die INTREPID, der vielleicht berühmteste 12er, auch ein Entwurf von Stephens. Sie verteidigte den Cup zweimal, 1967 und 1970, ungefährdet. Danach baute die Werft die COURAGEOUS, die ENTERPRISE und die FREEDOM, auch sie von Olin Stephens, und schließlich die INDEPENDENCE, ein Entwurf von Ted Hood 1977.

55. Stevens Institute, 1958
Ein bekannter Skipper unserer Tage behauptet, daß „... der America's Cup allein von drei Elementen gewonnen wird: dem Rudergänger, den Segeln und den Regattaregeln ..." Das war so im Sommer 1852 vor Cowes, und so blieb es bei den fünfundzwanzig Austragungen, die von 1870 bis 1983 liefen.
Nachdem die Amerikaner unter anderem den 100-Guinea-Cup nach Hause in den New York Yacht Club gebracht hatten, stellten sie für die späteren Austragungen eine Regel auf, die berühmte „Deed of Gift", die den Herausforderer besonders benachteiligte.
Vor allem aber, abgesehen von den Regeln, war es der „technische" Ansatz, der die siegreichen Waffen in diesem faszinierenden Kampf stellen sollte. Und das kommt auf dem Foto von Rosenfeld sehr gut heraus, auf dem drei Techniker des Stevens Institute of Technology in die Prüfung der vier Modelle von America's Cuppern vertieft sind. Es handelt sich dabei um 12-m-R-Boote nach der International Rule für die Erprobung im Schlepptank eine Testmethode, die bereits seit Jahrzehnten grundlegend war für den Fortschritt bei der Entwicklung leistungsfähiger Schiffskörper. Erst nach der Einführung des Computers ist man nicht mehr nur auf Schleppversuche angewiesen.

56. Reliance, 1903
Die am weitesten getriebene Entwicklung der Yacht vor den Einschränkungen durch die zu Anfang unseres Jahrhunderts eingeführte Formel stellt wahrscheinlich die RELIANCE dar, die Verteidigerin bei der Austragung des Cups von 1903. Damals betraf die einzige Beschränkung, die die Regel vorsah, die Länge in der Wasserlinie, die unter 27,43 m liegen mußte. Die Konstrukteure, die wußten, daß die Länge in der Wasserlinie für die Höchstgeschwindigkeit eines Schiffes maßgebend ist, entwarfen sehr flache Bootsrümpfe mit enormen, über Wasser sehr flach verlaufenden Überhängen, um die Wasserlinie zu verlängern, sobald das Boot auch nur um wenige Grad krängte.
Man nannte sie „Skimming Dish", gleitende Schüsseln, weil sie ganz wenig Volumen im Wasser hatten und sich bewegten, als wollten sie das Wasser „abschäumen". Sie waren natürlich ebenso schnell wie unstabil. RELIANCE war eine besonders weitgetriebene „Skimming Dish". Im Wasser stilliegend hatte sie eine Länge in der Wasserlinie von 27,33 m – bei einer Länge über alles von 43,73 m! Sie trug stolze 16000 Quadratfuß Segelfläche an einem Mast!
Der Rumpf war breit und flach mit 100 Tonnen Blei im unteren Teil eines Kiels, der den Tiefgang auf fast 6 m brachte.
Die Außenhaut war aus Bronze auf einem Gerüst von Profileisen und Zugstangen, das Deck aus Aluminiumplatten mit einem rutschfesten Korkbelag. Die Bedienung von Schoten und Fallen erfolgte vollständig unter Deck.

57. Ranger's interior, 1937
Im Vorschiff waren die Segellast, die Kombüse und die Wohnräume der Besatzung untergebracht, alles denkbar spartanisch. Aber den Eignerräumen achtern gab man ein gewisses Dekor, wobei man sich bei der Ausstattung der Wandbekleidungen und der Bearbeitung nach dem Vorbild der großen Yachten richtete. Allerdings hielt man sich dabei an die Forderung nach Gewichtsersparnis; die Schotten waren aus poliertem Holz, die Schmuckleisten auf ein Minimum reduziert, und alles nicht unbedingt Notwendige wurde fortgelassen.
Über zwei Bestandteile der Einrichtung sollte man sich aber nicht wundern, Dinge, die wir heute als ungewöhnlich oder schlicht als unpassend auf einem Boot ansehen: der Kamin und der Teppich. Doch beides gehörte nun einmal auf jede Yacht; der Kamin sollte weiter nichts als eine zumindest feuchte Umgebung erwärmen (wir sind nicht im Mittelmeer); und Teppiche galten als einzig vorstellbarer Fußbodenbelag.

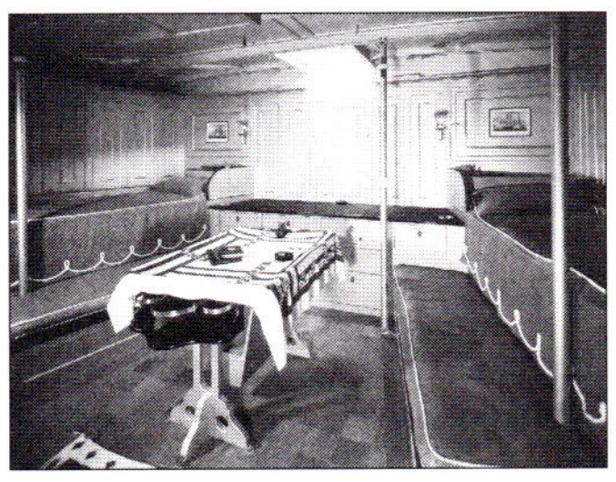

58. Ranger's interior, 1937
Die Kammer von Mrs. und Mr. Vanderbilt auf der RANGER. Ich glaube nicht, daß die Eigner jemals in dieser Kammer geschlafen haben, da die RANGER immer von der Dampfyacht der Familie, der VARA, begleitet wurde.
Dennoch bewahrt der Raum angesichts des hohen Preises für die geforderte Gewichtsbeschränkung eine außerordentliche Eleganz. Die Täfelung hat zierliche, gutproportioniert angeordnete Einfassungen, Polster auf den Kojen und auf den Sitzbänken bestimmen den Raum mit hübsch eingefaßten Tagesdecken, die vom Kojenrand über die Rückenlehnen der Sitzbänke herunterhängen.
Und dann der Tisch, gewöhnlich steht er nicht in der Kammer, hier paßt er aber durchaus hinein – der Salon war für andere Zwecke des Bordbetriebes in Anspruch genommen worden. Offensichtlich ein Schlingertisch, ein schönes Stück, das es auf modernen Yachten nicht mehr gibt, wahrscheinlich weil er dort nicht richtig hineinpaßt. Der Tisch trägt an der Kopfseite eine Ablage für zwei Flaschen und den Eisbehälter – aber woher nahmen sie das Eis an Bord?
Heute können wir das alles nicht mehr sehen, und das sagen wir mit großem Bedauern. Von den weltweit gebauten zehn Booten der J-Klasse leben, allerdings mit erheblichen Veränderungen, nur noch die englischen Boote SHAMROCK V, ENDEAVOUR und VELSHEDA. ENDEAVOUR II und die sechs Amerikaner YANKEE, WEETAMOE, WHIRLWIND, ENTERPRISE, RAINBOW und RANGER sind sämtlich abgewrackt.

59. Shamrock IV, 1920
Der New York Yacht Club hatte nach den Regatten von 1903, die von der extremen RELIANCE gewonnen wurden, Nat Herreshoff beauftragt, über eine neue Ausgleichsformel nachzudenken und hatte dann dessen Universal Rule eingeführt: glücklich, nun nicht wieder ein unbrauchbares Monstrum, wie es die vorhergehenden America's Cupper gewesen waren, bauen zu müssen, reichte Lipton eine Herausforderung mit einem Boot mit 75 Fuß Wasserlinienlänge ein. Der New York Yacht Club wies seine Herausforderungen zwischen 1907 und 1912 zweimal zurück mit der Begründung, der Cup sei etwas besonderes und unterliege daher nicht zwangsläufig der neuen Formel, die dieser Club doch selbst gewollt hatte. Als der Club 1913 wieder eine Herausforderung von Lipton erhalten sollte, überdachte er die Angelegenheit noch einmal und nahm unter der Voraussetzung an, daß Lipton keine Bedingung stellte. Lipton gab Charles E. Nicholson den Auftrag, und der zeichnete die SHAMROCK IV. Der Konstrukteur selbst nannte die Yacht „häßliches Entlein", und gewiß ist sie der am wenigsten elegante America's Cupper der Geschichte. SHAMROCK IV war aber technisch gesehen einmalig. Die Herausforderin ging auf eigenem Kiel über den Ozean, wegen des Ausbruchs des Ersten Weltkriegs wurde die Austragung aber bis 1920 verschoben; die Yacht von Lipton sollte dann auf die RESOLUTE treffen, auch ein Entwurf von Nat Herreshoff, und sich ehrenvoll schlagen: 3:2 für die Amerikaner. Beide Yachten waren keine offiziellen J-Klasse-Boote, und die Rennen wurden mit sieben Minuten Zeitvergütung zugunsten der RESOLUTE gesegelt.

60. Shamrock V's interior, 1930
Auf den Booten der J-Klasse waren nur die Eignerräume im Achterschiff wohnlich eingerichtet. Sonst waren die unter Deck geführten Bedienungselemente – Schoten und Fallen – sowie die unverkleideten Bauteile des Rumpfes für diese Boote charakteristisch.
Im Vordergrund der Aufnahme Teile der Mechanik für das aufholbare Schwert, eine Besonderheit der SHAMROCK V, und davor die große Zweigangwinde für das Großfall. Die übrigen Fallen laufen auf Taljen, deren Blöcke am Boden angeschlagen sind. Deutlich erkennbar ist das Bestreben, sämtliches Gewicht möglichst weit nach unten zu legen.
Beim Vergleich dieser Aufnahme mit anderen, die das Innere des Gegners ENTERPRISE zeigen, fällt jedenfalls bei den Amerikanern ein wissenschaftlich fundiertes Streben nach Gewichtserleichterung ins Auge. Die Wegerungen liegen weiter auseinander, man sah gelochte Profilbleche, und das Ganze hat schon manches vom Flugzeugbau: geringe Spantabstände und innenliegende Gurtplatten. Die Engländer bauten damals nach ihrer Tradition Boote aus Holz; doch hatte Holzmangel zum Kompositbau geführt: Teakholz für die Außenhaut und Stahl für Spanten. Das Ergebnis war technisch nie optimal; die Verbindung der beiden Materialien zwang zu zahlreichen Bauteilen, die das Gewicht steigerten, und die unterschiedliche Steifheit der Baustoffe bewirkte eine strukturelle Unausgewogenheit. Die Außenhaut der ENTERPRISE bestand aus Bronze, die Spanten waren aus Stahl.

61. Sir Thomas J. Lipton, 1920
Erst in der modernen Zeit nach dem Zweiten Weltkrieg wurden die Kämpfe um den America's Cup mehr zu einer Sache der Clubs als zu einem Duell großer Männer der See und der Finanzen. Bis 1937 waren es die sehr reichen Männer und Familien gewesen, die dem Wettkampf ihren Stempel aufdrückten.
Vierzig Jahre lang organisierten die Morgans bis zum Ende des 19. Jahrhunderts und die Vanderbilts im 20. Jahrhundert die Verteidigung gegen die Anstrengungen erst von Lord Dunraven, dann von Sir Thomas Lipton und T.O.M. Sopwith. Und von denen war Sir Thomas Lipton derjenige, der zum Sinnbild des Kampfes um den Cup wurde. In Glasgow als Sohn irischer Arbeiter geboren, machte er ein enormes Vermögen mit jenem Tee, der heute noch seinen Namen trägt. Und eben dieses, zusammen mit seinem jovialen Wesen und seiner unglaublichen Zähigkeit, gefiel den Amerikanern sehr, die mehr an Geld gewohnt und viel vertrauter damit waren als mit den Allüren einer eingebildeten Adelsgesellschaft. Diese persönlichen Eigenheiten machten ihn wiederum bei den Engländern nie sehr beliebt, und das ging so weit, daß seine Kandidatur bei der höchst exklusiven Royal Yacht Squadron mit großer Diskretion zurückgewiesen wurde, obwohl seine Majestät König Edward VII. ihn vorgeschlagen hatte. Die amerikanische Presse ging immer sehr aufmerksam und freundlich mit dem englischen Herausforderer um, der es auch nie unterließ, während der Regatten alle Journalisten auf seine Dampfyacht ERIN einzuladen, auf der fast täglich Empfänge stattfanden.

62. Weetamoe, 1930

Einige Yachten der J-Klasse, die eigens für den America's Cup erbaut worden waren, hatten nie die Ehre und den Ruhm an ihm teilzunehmen. Zu ihnen gehört auch die Weetamoe, deren Name an eine legendäre Indianerin erinnert. Mit 130 Fuß Länge über alles war sie 1930 ein wunderschöner Entwurf von Clinton Crane. Er zeichnete später noch viele amerikanische 12er. Wie die Yankee, ein Entwurf von Frank Paine, und die Whirlwind mit ihrem Kanuheck von Francis Herreshoff kam sie zu Wasser, als die große Depression nach dem Börsenkrach von 1929 einsetzte.

Obwohl die Lage des Landes alles andere als rosig war, sah das Jahr 1930 dennoch den Stapellauf der drei erwähnten J-Klasse-Boote und dazu noch einen vierten, den der Enterprise, die die drei anderen mit ihren absolut extremen technischen Neuerungen bei den Ausscheidungsrennen für den Cup schlug und ihn dann gewann.

Wie die Yankee versuchte es die Weetamoe 1934 noch einmal und wurde von der Rainbow geschlagen. Auch 1937 verlor sie wieder, diesmal gegen die Ranger.

Der Entwurf von Clinton Crane, den Junius S. Morgan und George Nichols für den New York Yacht Club in Auftrag gegeben hatten, war trotzdem ein großer Kämpfer, und 1936 – in diesem Jahre liefen keine Cup-Regatten – gewann sie dreimal gegen die Rainbow und gegen die Yankee.

63. America, 1893

Der Schoner America wurde von einem jungen Mann aus New York, George Steers, gezeichnet; als Spezialist für den Entwurf von Lotsenschonern hatte er sich ebenso einen Namen gemacht wie durch den Entwurf schneller Yachten für Mitglieder des New York Yacht Club. Steers hatte eine solide Ausbildung in Mathematik und Technischem Zeichnen, und er entwarf einen Rumpf von etwas mehr als dreißig Metern mit vollständig freiem Deck ohne Aufbauten und einem Cockpit achtern für den Rudergänger, das von einem Süll eingerahmt war. Ihr Segelriß mit den dehnungsarmen Baumwollsegeln an den geneigten Masten erstaunte die britischen Gegner 1851 vor Cowes.

Der Fotograf James Burton, dessen Glasplattenarchiv die Rosenfelds erwarben, zeigt die America 1893, mehr als vierzig Jahre nach ihrem Stapellauf. In der Zwischenzeit war die Yacht etwa zehn Jahre lang unter verschiedenen Eignern in Europa gesegelt, hatte im Sezessionskrieg bei der Federal Navy als Blockadebrecher gedient und beendete ihre Laufbahn in den Händen des Generals Benjamin Butler, der sie in Regatten und als Fahrtenyacht bis 1901 segelte. Er hatte den ursprünglich blauen Rumpf weiß malen lassen und das eine oder andere im Rigg geändert.

Ihr Ende war für eine Yacht einigermaßen kurios: Unter einem Schutzdach wurde sie 1942 umgerissen, als das Dach bei einem ungewöhnlich starkem Schneesturm unter der Schneelast zusammenbrach.

64. Vanitie, 1914

1913, zehn Jahre nach der Niederlage von 1903 gegen die Reliance, plante Sir Thomas J. Lipton wieder in die USA zu kommen, dieses Mal mit einem Boot, das annähernd der J-Klasse entsprach, um dem New York Yacht Club den Cup zu entreißen.

Sein Boot, von Charles E. Nicholson gezeichnet, war die vierte Shamrock, 75 Fuß Länge in der Wasserlinie und der Universal Rule in der Fassung von 1909 entsprechend, die die Amerikaner anwendeten. Zu dieser Größenklasse gehörte auch die Britannia des Königs von England. Diese Boote hatten noch ein Gaffelrigg und ein Bugspriet.

Die Amerikaner rüsteten sich zu einer Antwort und übertrugen den Entwurf einem nicht gerade auf Boote für den America's Cup spezialisierten Konstrukteur, der aber einen guten Ruf hatte: William Gardner aus New York, der seine Vielseitigkeit auch mit dem Entwurf einer Einheitsklasse bewies, die einmal ganz groß herauskommen sollte – dem Star!

Gardner zeichnete ein ziemlich traditionelles und ein sehr schönes Boot, das es aber möglicherweise gegen das von Nicholson gezeichnete „häßliche Entlein" sehr schwer gehabt hätte.

Vanitie, hier auf einer sehr romantischen, aber wenig „America's Cup gemäßen" Aufnahme, entging einer möglichen Niederlage durch den Ausbruch des Ersten Weltkrieges: Die Austragung von 1914 wurde auf bessere Zeiten verschoben. Das englische Boot blieb auf der anderen Seite des Ozeans und maß sich 1920 mit der von Nat Herreshoff gezeichneten Resolute. Ergebnis: 3:2 für die Amerikaner.

65. Yankee, 1937

Am Ende einer der längsten Laufbahnen einer Yacht jener legendären J-Klasse, für die Boote nur gebaut wurden, um Regatten zu segeln, mischte die Yankee, ein Entwurf von Frank Paine, noch bis 1937 mit.

Das Oberdeck wurde erneuert mit einem großen Deckshaus und davor eine Reihe von Oberlichtern: ein Zeichen für den Versuch, dieses Regattamonstrum auch für das Fahrtensegeln zu verwenden. Aber das Boot braucht immer noch eine sehr große Besatzung: Das Rigg stellt sehr hohe Ansprüche, wenn es richtig bedient wird, und der Rumpf ist zu sehr „Vollblut" für entspanntes Fahrtensegeln.

Yankee hat über dem Vorsegel den Spinnaker klar zum Setzen, die Männer gehen in Gedanken das Manöver an der Wendemarke durch. Außerordentlich die Kraft dieses Bootes am Wind; ein Bild, wie es kein anderes Boot mehr den Augen begeisterter Segler zu bieten vermag.

66. Gretel, 1962

Zwischen 1958 und 1987 liefen zehn Austragungen des Cups mit 12ern: eine Bestätigung für den technischen Wert dieses Bootstyps und namentlich für eine Eignung zu Match Races, ein Boot gegen das andere, d. h. für das Wettsegeln, bei dem es mehr auf das Beschleunigungsvermögen ankommt als auf die absolute Geschwindigkeit, auf die Fähigkeit also, nach einer Wende schnell Fahrt aufzunehmen.
Dabei sind die 12er auch schnell, oder besser gesagt, sie verfügen über große Reserven. Immer wieder hat man das Gefühl, „nach vorn gerissen“ zu werden, sobald das Großsegel dichtgeholt ist. Das Boot nimmt ebenso schnell Fahrt auf wie ein Flying Dutchman, und dabei bringt ein 12er ungefähr 27 Tonnen auf die Waage.
Diese enorme PS-Reserve kommt auf der Aufnahme von Stanley Rosenfeld wunderbar heraus, auf der er die GRETEL mit der Segelnummer KA 1 festhält, wie sie unter Spinnaker ins Gleiten kommt. Wir sind im Jahre 1962, dem Jahr, in dem sich zum ersten Male die Australier an den America's Cup wagten, nachdem die vorhergehenden Austragungen immer die Engländer am Start gesehen hatten, mit Ausnahme der Kanadier 1876 und 1881. GRETEL, ein Entwurf von Alan Payne, gelang es, der WEATHERLY, die von Phil Rhodes stammt, ein Rennen abzunehmen, von der sie schließlich mit 4:1 geschlagen wurde.

67. Gretel, 1962

Das Mystic Seaport Museum, Treuhänder der Rosenfeld-Sammlung, den man nicht hoch genug loben kann, datiert diese Aufnahme auf 1962 und bestimmt das Boot als die australische GRETEL, hier bei einem Rennen gegen die America's Cup-Verteidigerin WEATHERLY.
Einen Augenblick nicht aufgepaßt, und einer der Männer der GRETEL ist außenbords, man hat ihn gerade noch zu fassen bekommen. Die See vor Newport ist im allgemeinen ruhig, und die Cup-Regatten werden nur bei Wind unter 25 Knoten gesegelt; daher kommen Vorfälle wie diese ziemlich selten vor. Ganz anders war es dann zehn Jahre später, als die Amerikaner zum ersten Mal in der 150jährigen Geschichte des Cups nach Australien kommen mußten, um den Cup zurückzuholen; die See vor Australien war viel turbulenter, und „Mann überbord“ war besonders in den ersten Tagen der Ausscheidungsrennen nichts Außergewöhnliches.

68. Columbia and Shamrock, 1899

Am Ende des 19. Jahrhunderts wurde der Cup vor dem Aufkommen der J-Klasse von Booten ausgesegelt, die Monstren von fast vierzig Metern Länge und enormen Segelflächen waren.
Zu der Austragung von 1899 erschien eine Persönlichkeit in der Regattaszene, die nicht weniger als fünf Herausforderungen mit ihrem Namen verbinden sollte: der Engländer Sir Thomas Lipton. Diese erste SHAMROCK seiner fünf Exemplare war ein Entwurf von William Fife jr., einem Nachkommen der berühmten Reihe von „Meistern der Axt“ vom Clyde: Ein Boot von 39 m Länge über alles und 27 m in der Wasserlinie sowie einem Tiefgang von 6 m zum Ausgleich für den riesigen Stahlmast, der die Segel auf eine Höhe von 42 m über Deck brachte.
Die Rumpfplatten waren aus Manganbronze, eine Legierung, die vor Algenbewuchs schützte. Wahrlich eine Rennmaschine!
Sie traf auf die von Nat Herreshoff gezeichnete COLUMBIA, die noch extremer war: Außenhaut Bronze, die Verbände aus Stahl, das Boot innen vollständig leer. SHAMROCK wurde bei drei Rennen dreimal geschlagen, der Cup blieb im New York Yacht Club. Lipton verabschiedete sich mit den Worten: „Ich komme wieder“ – und das tat er noch viermal.

69. Zio and Nightwind, 1939

Am Ende der 30er Jahre hatten auch die Amerikaner die Stärken der in Europa geltenden International Rule erkannt. Der erste amerikanische Konstrukteur, der sich an diese Formel wagte, und zwar in der 12-m-Klasse, war Starling Burgess, der 1928 bei Abeking & Rasmussen in Deutschland, wo man schon gute Erfahrungen mit diesen Booten hatte, ganze sechs „12er“ bauen ließ, die die sechs Segelnummern US 1–6 tragen sollten.
1930 wurde ein alter norwegischer 12er, die MAGDA XI in die USA eingeführt, ein Entwurf von Anker, die als CANTITOE die Segelnummer US 7 trug.
Zwischen 1935 und 1939 wurden erbaut: Die SEVEN SEAS von Clinton Crane bei der Werft von Nevins mit der Segelnummer US 9, die MITENA von Francis Herreshoff mit US 10 und die GLEAM, ebenfalls von Crane, mit der Segelnummer US 11 bei Nevins und dann die drei Entwürfe von Olin Stephens, auch sie bei Nevins: NYALA, NORTHERN LIGHT und VIM mit den Segelnummern US 12, US 14 und US 15.
ZIO und NIGHTWIND tragen die Segelnummern US 8 und US 13. Eine ungewöhnliche Aufnahme: Dynamik und Kraft des Segelsports und der Yachten strahlt das Foto aus, zudem zeigt es die gestalterischen Möglichkeiten des Mediums – eben ein klassisches Rosenfeld-Foto.

70. Ranger, 1937

Es sind ungefähr 470 m^2 ägyptischer Baumwolle in die Großsegel der RANGER gegangen – das ist fast eine Tonne Tuch – und diese Menge mit den Armen hochholen: Das ist ein Kraftakt! Dazu kommt noch die Reibung der Rutscher auf der Mastschiene, die der Seemann im Bootsmannsstuhl, Füße gegen den Mast gestemmt, Hand über Hand in die Mastschiene einfädeln muß, während das Segel hoch geht, ausnahmsweise bei wenig Wind. Ein Großsegel bei steifem Wind setzen, wenn das Boot schlingert, der 21 m lange Baum hin- und herschlägt – und das in Kopfhöhe! –, wenn das Tuch heftig knallt und jeden treffen kann, der es packen will: Nur wer das heutzutage einmal auf einem 20-m-Boot probiert hat, kann sich einigermaßen vorstellen, was es heißt, das Großsegel der RANGER hochzuholen, hier vor Rhode Island beim Auslaufen zu einer America's Cup-Regatta.

Sechzehn Seeleute zählt man bei dem Manöver, und sicher ist mehr als einer noch außerhalb des Fotos. Also fast alle Mann für ein Manöver, das zum Glück nur einmal, vor dem Start der Regatta, durchgeführt wurde; denn in der J-Klasse wurde nicht gerefft.

Das brauchte man auch nicht, seit nach den Wettfahrtregeln für den Cup nur bei Wind unter 21 Knoten gesegelt werden durfte, und bis zu dieser Grenze sorgte ein Bleiballast von 110 Tonnen für einen Ausgleich der Krängung durch das Großsegel.

71. Ranger, 1937

Das Wenden auf einer J-Klasse-Yacht war ein Alle-Mann-Manöver. Von den Vorsegeln kamen die Fockschot und die beiden Schoten des großen trapezförmigen Klüvers, dazu die Taljen der beiden Backstagen und achtern die Großschot.

Auf der RANGER liefen alle Bedienungsleinen auf Winschen, von denen es zwei Arten gab: die großen Coffeegrinder mittschiffs mit Kurbeln, an denen vier Mann standen, dazu ein fünfter, der die Lose durchholte und die Winschen für drei Mann wie auf dem Foto. Bei jeder Wende mußte dann auch noch die Biegung des flexiblen Großbaumes eingestellt werden, um den Segeln ein aerodynamisch optimales Profil zu geben.

Eine Besonderheit auf dem Foto: der Seemann, in einer Uniform ähnlich der Sailors von der U.S. Navy, trägt einen dicken Taustropp um den Leib. Es gehört zu dem traditionellen „Gepäck" des Seemanns: Ein Strang aus Bändseln zum Anschlagen von allen möglichen schweren „Objekten", die anzuheben sind, und auf der J-Klasse war alles, was sich an Deck befand, schwer: die Segel, der Spibaum, einfach alles!

Heute deutet allein schon die sportliche Kleidung einer Hochseeregatta-Yachcrew auf den Beginn eines neuen Zeitalters auch im Segelsport hin.

72. Gleam, 1955

Der Grund für die Erfolge der internationalen 12-m-Klasse lag nicht nur in den Leistungen der Regattaboote und darin, daß sie aus mancherlei Gründen mit denen der früheren J-Klasse vergleichbar waren, sondern auch darin, daß man sie mit ihrer mehr als behaglichen Inneneinrichtung auf Seeregatten segeln konnte.

Das stimmt vor allem für die ersten, nämlich die in den 30er Jahren gebauten 12er, bevor der New York Yacht Club sie für den America's Cup auswählte. Die GLEAM auf dem Foto gehörte in eben diese Zeit; sie wurde 1937 bei Nevins erbaut, einer Werft auf City Island in der Nähe von New York, die sich auf diesen Typ spezialisieren sollte.

Der Entwurf für die GLEAM stammt von Clinton Crane, einer einmaligen Persönlichkeit in der Welt des amerikanischen Yachtbaus.

In Wirklichkeit war er ein reicher Industrieller, der sich in seiner freien Zeit an den Entwurf von Yachten wagte, und das mit gewissem Erfolg, denken wir nur an seine WEETAMOE, ein Boot der J-Klasse, die 1930 bei den Ausscheidungen gegen die ENTERPRISE segelte.

Die GLEAM ist hier, 18 Jahre nach Stapellauf, beim Nachmittagskaffee-Segeln im Long Island Sound in einer bei den 12ern nicht seltenen Situation aufgenommen: dem Bergen eines über Bord Gegangenen. Das Wetter ist gut, kein Seegang und leichter Wind, der Mann hat Glück.

GLEAM ist einer der überlebenden 12er; gut restauriert segelt sie heute im Revier ihres Heimathafens Newport, Rhode Island.

73. Weatherly, 1961

Segeln bei frischem Wind auf einem 12er ist etwas sehr Sportliches: Das Deck ist schmal und meist ohne Aufbauten, alle Manöver erfordern Kraft und Timing, doch vor allem bekommt man an Deck eines 12ers schnell eine „Dusche" verpaßt; dieses Boot hat eine besondere Vorliebe dafür, sich in die See zu bohren, und es wirft Kaskaden auf. Sonst aber ist es sehr solide und seetüchtig.

Nach dem letzten Weltkrieg wählte der New York Yacht Club die Klasse für die Regatten des America's Cup aus: Die J-Klasse hatte sich als zu teuer erwiesen, und es gab keinen Eigner und keine Syndikate mehr, die noch in der Lage gewesen wären, mit diesen Booten Wettkämpfe zu veranstalten.

Es waren natürlich die Engländer, die nach der durch den Krieg erzwungenen Unterbrechung die Streitaxt wieder ausgruben, und die Vettern auf der anderen Seite des Ozeans antworteten wie gewohnt mit äußerst harten Ausscheidungsrennen und ebensolchem Training.

Einer der aussichtsreichsten Verteidiger war die WEATHERLY. Von Phil Rhodes gezeichnet und 1958 bei Luders Marine erbaut, wurde sie bei den Ausscheidungsrennen von der COLUMBIA, einem Olin Stephens-Design, geschlagen. Nach einigen Umbauten segelte WEATHERLY beim America's Cup 1962, bei dem sie die australische GRETEL mit 4:1 schlug.

74. Rainbow, 1934

Als Besatzung fuhren auf den America's Cuppern angeheuerte Berufsseeleute; sie lebten die Saison über, solange das Boot dabei war, auf und mit ihrem Schiff – beim Training und den Trimmfahrten, bei den Ausscheidungsregatten, und, falls ihr Boot ausgewählt wurde, bei den Cup-Regatten. Kaum etwas ist über sie geschrieben und noch weniger im Bild festgehalten worden. Wir wissen wenig über die Rollenverteilung bei den verschiedenen Manövern, welches berufliche Können sie mitbrachten und wie sie ausgewählt wurden.

Sicherlich waren auf einer J-Klasse-Yacht etwa dreißig Seeleute, die in harter Arbeit die Manöver so lange übten, bis sie „saßen", bis das perfekte Zusammenspiel erreicht war, das auf einer Yacht dieser Größe bei einer so wichtigen Regatta gefordert war. Aber abgesehen von dem, was zum Rigg und den Segeln gehörte, stand der Anteil für die Inneneinrichtung in keinem Verhältnis zu dem Aufwand, der in dieser Rennmaschine steckte, denn die America's Cupper der J-Klasse segelten einzig und allein bei den Regatten, und diesem Zweck war die Einteilung und Einrichtung der Innenräume untergeordnet.

Die Seeleute schliefen in Rohrkojen, die tagsüber beigeklappt wurden, um nicht im Wege zu sein und aßen im gleichen Raum an Klapptischen. Einziger Ausschmuck war wohl der Steward im weißen Hemd mit schwarzer Schleife.

75. Reliance, 1903

Die Aufnahme stammt von James Burton, einem Kollegen und Freund von Morris Rosenfeld.

Das Foto gibt wieder, wie es an Deck einer Rennmaschine, wie die RELIANCE eine war, ausgesehen hat. Im Vordergrund der gewaltige Baum zum Ausbaumen der Ballonfock, Vorgängerin des Spinnakers, circa 25 m lang und das doppelte Steuerrad, mit dem legendären Charlie Barr am Ruder. RELIANCE muß bei Lage besonders großen Ruderdruck entwickelt haben, deshalb hatte Nat Herreshoff eine Fußbremse eingebaut, mit der sich der Rudergänger etwas Ruhe gönnen konnte. Auf einem Ruderlageanzeiger konnte er die jeweilige Ruderlage ablesen.

Die Crew liegt an Deck dicht an der Bordkante, um ihr Gewicht möglichst weit nach Luv zu bringen. Bei Regatten fuhren auf der RELIANCE mindestens 25 Mann, ihr Gewicht: etwa zwei Tonnen.

Neben dem Rudergänger standen meist auch einige „Berater", der Taktiker, der Navigator und der Konstrukteur selbst.

Trotz der Korkbeschichtung des Decks dürfte es auf diesen Booten nicht einfach gewesen sein, sich im Gleichgewicht zu halten.

76. Easterner, 1962

Für die erste Austragung des America's Cup nach dem Zweiten Weltkrieg 1958 entwarfen und bauten die Amerikaner drei 12er nach der International Rule: Die COLUMBIA, ein Entwurf von Olin Stephens, die WEATHERLY von Phil Rhodes und die EASTERNER, die unter dem Stift von Ray Hunt entstand, der allerdings durch seine über vier Jahrzehnte weit verbreiteten Motorbootrümpfe bekannter ist. Die EASTERNER kam nie in die Nähe des Cups, dafür segelt sie aber auch heute noch als NEWSBOY in kalifornischen Gewässern.

Bei den Trainingsfahrten werden die Manöver wieder und wieder durchgefahren. Nur so kann die Crew lernen, so abgestimmt und schnell wie unbedingt notwendig zu arbeiten: Auf einem „Bein" einer Kreuzstrecke wird bis zu fünfundzwanzigmal gewendet; eine Sekunde bei einer Wende verlieren bedeutet am Ende des Schlages 25 Sekunden Rückstand.

Doch trotz alledem kann immer etwas schiefgehen: Ich möchte sagen, hier hat es eine kleine Panne an der Nock des Spinnakerbaums gegeben; der Steuerbord-Achterholer, der richtig losgeworfen wurde, hat sich verfangen. Das bedeutet für den Mann auf dem Vorschiff einen akrobatischen Akt, und vor allem werden der Steuermann und die übrige Crew abgelenkt.

77. The N.Y.Y.C. Race Committee, 1903

Seit der Schoner AMERICA den 100-Guinea-Cup in den großen Saal des N.Y.Y.C. entführt hatte, wurde der Club zum Schiedsrichter bei allen sportlichen Veranstaltungen, die den Cup betrafen. Die Mitglieder des Clubs konnten im Laufe der Jahre und vor allem, weil sie den Cup immer wieder gewannen, allein über alles entscheiden, was den Cup betraf: Sie konnten eine Herausforderung annehmen oder abweisen, sie konnten die Regeln bestimmen, auch mit welchem Boot gesegelt werden sollte und die Auswahl des Verteidigers.

Natürlich wurde ein Regattaausschuß – Race Committee – aus den Mitgliedern des Clubs ausgewählt, und wer Regatten gesegelt hat, der weiß, wie groß das Gewicht eines solchen Komitees auf deren Verlauf sein kann. Die Aufnahme, auch sie von James Burton, – und wieder müssen wir den Rosenfelds für ihre Arbeit an der Erhaltung des fotografischen Erbes nicht allein ihrer, sondern auch der ihrer Kollegen, Dank sagen –, zeigt das Race Committee des N.Y.Y.C. 1903 bei den Rennen der RELIANCE gegen die SHAMROCK III von Lipton.

Stoppuhr in der Hand, skandieren die Herren der Wettfahrtleitung die Sekunden bis zum Startschuß. Sie sind ruhig, fast gelangweilt – auch diese Austragung ist kein Grund zur Aufregung!

78. The N.Y.Y.C. America's Cup Committee, 1967

Für den New York Yacht Club waren die Cup-Regatten nach mehr als hundert Jahren eine Art „Gesellschafts-Regatta" sui generis, weil sie gegen einen anderen Yachtclub ausgetragen wurde, ein Duell zwischen einem fremden Ritter und den Kämpen des Königs. Aber das Ergebnis stand praktisch schon fest.
Auf den Fotos, auf denen die Clubmitglieder in ihrer Funktion als Regattaausschuß für den Cup aufgenommen sind, kommt die Distanz, die Sicherheit desjenigen zum Ausdruck, der sich „zu Hause" fühlt und ein Ereignis leitet, das er vollständig unter Kontrolle hat, seit es nach jenen Spielregeln abläuft, die er selbst aufgestellt hat.
Auf der Djinn, einem Kutter von ungefähr 20 m Länge von Henry Morgan, dem Sohn von John Pierpont Morgan und Commodore des New York Yacht Club, beobachten die Mitglieder des Komitees das Vorbeisegeln eines amerikanischen 12ers bei den Ausscheidungen für den Cupverteidiger von 1967.
Für die Chronik: Es wird die Intrepid sein, die der Dame Pattie, der zweiten australischen Herausfordererin, die einen Angriff auf den Cup wagte, ein glattes 4:0 beibringen sollte.
Am Ruder der Intrepid wieder eine legendäre Gestalt des America's Cup: Emil „Bus" Mosbacher.

79. Endeavour II, 1937

1934 betritt ein Mann von großer Ausstrahlungskraft die Bühne des America's Cup, Thomas Octave Murdoch, bekannter als „T.O.M." Sopwith. Er war so etwas wie ein Alter ego von Vanderbilt, auch er reiner Amateur, sehr begeisterungsfähig, großer Organisator, und auch er hatte seine Frau im Cockpit stets an seiner Seite, dieses Mal als Zeitnehmerin.
Konstrukteur von Flugzeugen, den berühmten Sopwith Camels, stellte er sich als Herausforderer des America's Cup mit zwei Booten der J-Klasse, die wohl die gefährlichsten Gegner der Amerikaner waren: Endeavour und Endeavour II, beides Entwürfe von Charles E. Nicholson und beide in Stahl auf der Werft Camper & Nicholsons in Gosport gebaut.
Sopwith zeigte, daß er ein ebenso fähiger Steuermann war wie Vanderbilt. Er hatte die Endeavour sehr gut vorbereitet, hatte mit zwei J-Klasse-Booten trainiert, beides Entwürfe von Nicholson, der Shamrock V, der letzten von Lipton, und der Velsheda, die nicht außerhalb der englischen Gewässer segelte.
Aber in Amerika mußte er seine Besatzung entlassen, die wegen Lohnstreitigkeiten in Streik getreten war, und stattdessen Freiwillige heuern, die zwar besten Willen mitbrachten, aber den Anforderungen bei den Cup-Regatten nicht genügen konnten.
T.O.M. Sopwith wurde mit 4:2 geschlagen, das knappste Ergebnis bis zu diesem Wettbewerb. Er versuchte es 1937 mit der Endeavour II noch einmal; das Boot war sehr schnell, aber eben nicht schnell genug, um die „Superyacht", wie man die Ranger des Amerikaners Vanderbilt nannte, zu schlagen.
Und die Enttäuschung steht T.O.M. Sopwith und seiner Frau ins Gesicht geschrieben, als sie ihre Endeavour II mit einem höchst eleganten, aber amerikanischen Gar Wood-Motorboot verlassen.

Schiffsregister

Die Ziffern beziehen sich auf die Bildnummern der Bildlegenden. *Kursive* Ziffern bezeich das im Foto angesprochene Schiff.

Printed in Italy